PETRA HENNRICH

BRAINSTORMING FOR ONE

50 WERKZEUGE UND ÜBUNGEN FÜR IHRE KREATIVITÄT

Ein Seminar in Buchform

Junfermann Verlag
Paderborn
2013

Copyright	© Junfermann Verlag, Paderborn 2013
Coverfoto	© emmi – fotolia.com
Illustrationen	Petra Hennrich
Covergestaltung / Reihenentwurf	Christian Tschepp
Satz	JUNFERMANN Druck & Service, Paderborn

Alle Rechte vorbehalten.

Das Werk einschließlich aller seiner Teile ist urheberrechtlich geschützt.
Jede Verwendung außerhalb der engen Grenzen des Urheberrechtsgesetzes ist ohne Zustimmung des Verlages unzulässig und strafbar. Dies gilt insbesondere für Vervielfältigungen, Übersetzungen, Mikroverfilmungen und die Einspeicherung und Verarbeitung in elektronischen Systemen.

Bibliografische Information der Deutschen Nationalbibliothek

Die Deutsche Nationalbibliothek verzeichnet diese Publikation in der Deutschen Nationalbibliografie; detaillierte bibliografische Daten sind im Internet über http://dnb.d-nb.de abrufbar.

ISBN 978-3-87387-964-5
Dieses Buch erscheint parallel als E-Book (ISBN 978-3-87387-965-2).

Für die Musen.

Inhalt

Vorwort	11
Über dieses Buch	13
Wie Sie dieses Buch benutzen, um den größten Nutzen daraus zu ziehen.	13
Hammer, Zange oder Schraubenzieher?	
Denkwerkzeuge erweitern unseren Gedankenspielraum	15
Das Erfolgsgeheimnis: Üben, üben, üben	16
So geht es auf den nächsten Seiten weiter: Zum Aufbau der Kapitel	17
In neun Kapiteln vom Problem zum Ziel: Der Seminarablauf	18
Einleitung: Worüber wir reden, wenn wir über Kreativität reden	
Und warum auch Sie kreativ sind	19
No Brainstorming! Die Vor- und Nachteile der Gruppenarbeit	21
Regeln brechen – aber richtig. Die zehn Gebote der Ideenfindung	22
Auf die Plätze, fertig, los: Geistige Beweglichkeit macht glücklich!	23
Raus aus der Komfortzone. So befreien Sie Ihr Denken aus der Box	24
1. Ideen sammeln	27
Am Anfang steht das Ziel: Sechs Schritte zu neuen Ideen	29
Sei spontan! Ideen locker aus dem Handgelenk	33
Tempo 30	34
Acht alberne Affen	37
Merk-Sätze	38
ABC-Listen	40
2. Ideen-Land-Karten	43
Mit K.R.A.F.T. zum Ziel: Attraktive, wohlgeformte Ziele	45
So formulieren Sie K.R.A.F.T.-volle Ziele	46
Tanz das Alphabet	48
KaWa	51
KaGa	53
Mind-Mapping	56
Clustering	61

3. Ideen durch Worte 63

Prinzipien der Ideenfindung: Im Prinzip immer das Gleiche 65

Störe meine Kreise 67

Stadt-Land-Fluss-Idee 69

Semantische Intuition 72

Reizwortanalyse 75

Freie Texte 85

4. Ideen durch Bilder 87

Balken im Gehirn statt Brett vorm Kopf. Das Hemisphärenmodell 89

Punkt, Linie, Fläche 91

Die Marsmenschen sind gelandet 93

Das Geschenk der Mumie 95

Bildersprache 97

Ideencollage 101

Reizbildanalyse 104

5. Analog-Ideen 107

Zehn Schlüssel zur Ideenfindung ... mit denen Sie das Tor in
    Ihr Ideenreich noch leichter öffnen 109

Erfinden Sie Ihr eigenes Sternbild 112

Freie Analogien 116

Direkte Analogie 118

Persönliche Analogien 121

Bionik 123

Was wäre wenn …? 127

6. Ver-rückte Ideen 131

Laterales Denken: Finden Sie das Richtige im Falschen 133

Falsche Hände gibt es nicht 135

Imaginäres Brainstorming 136

Kopfstandmethode 139

Paradoxon 141

Die po-Methode 144

7. Ideen aus der Tiefe ... 147

The Three Bs: Wo ist Ihr Ideenreich? ... 149

Bei drei auf den Bäumen ... 151

Kreative Träume ... 153

Dalí-Technik ... 156

Die drei Türen ... 158

Die Wunderfrage ... 160

Ihr persönlicher Beraterstab ... 162

8. Ideen mit System ... 165

Amama Pau ... 167

Morphologische Matrix ... 168

Lotosblüte ... 173

Osborn-Checkliste ... 175

Phönix-Fragen ... 179

Progressive Abstraktion ... 182

Walt-Disney-Methode ... 185

9. Ideen umsetzen ... 189

Entwaffnen Sie Ideenkiller! Über den Umgang mit Killerphrasen ... 191

Dot-mocracy ... 195

Forced Ranking ... 196

PMI ... 198

Drei-Schritte-Frage ... 201

Das Projektbuch ... 202

Maßnahmenplan ... 203

Elevator Pitch ... 205

Danksagung ... 209

Über die Autorin ... 211

Literatur ... 213

Index ... 215

„Kreativität kann man nicht aufbrauchen.
Je mehr man sich ihrer bedient, desto mehr hat man."

Maya Angelou

Vorwort

„Der einzig wahre Realist ist der Visionär."
Federico Fellini

Eine Amerikanische Ölgesellschaft beauftragte vor einigen Jahren ein Team von Psychologen damit herauszufinden, was die kreativen Mitarbeiter in Forschung und Entwicklung von den weniger kreativen Köpfen unterschied. Nach intensiver, dreimonatiger Untersuchung stellten die Forscher fest, dass der Hauptunterschied zwischen den beiden Mitarbeitergruppen darin bestand, dass die *kreativen Personen sich selbst als kreativ einschätzen*, während die weniger kreativen das nicht taten. So einfach ist das also?

Ja – und nein. Kreatives Denken ist jedem von uns angeboren. Aber es muss systematisch geübt, verbessert und erweitert werden, um verlässlich zur Verfügung zu stehen. Zum Glück gibt es einige einfach zu benutzende Denkwerkzeuge, mit deren Hilfe wir die gewohnten Denkbahnen leichter verlassen und somit neue Ideen entwickeln können.

In diesem Buch stelle ich Ihnen die besten dieser Werkzeuge vor und lade Sie ein, diese auszuprobieren. Denn mit der Kreativität ist es wie mit dem Schwimmen: Es kann zwar ganz nützlich sein, Bücher darüber zu lesen und Wissen anzusammeln, aber wirklich verstehen werden Sie es erst, wenn Sie ins Wasser springen und losstrampeln.

Daher ist dieses Buch als Arbeitsbuch konzipiert, an dem Sie eifrig mitarbeiten. Ich hoffe, Sie haben bereits Ihren Namen als Co-Autor bzw. Co-Autorin eingetragen? Wenn nicht, dann tun Sie dies bitte *jetzt*! Und halten Sie Ihren Kugelschreiber oder Füller weiterhin bereit, Sie werden ihn bald wieder brauchen.

Ich freue mich schon sehr auf unsere Zusammenarbeit!

Wien, im Frühjahr 2013

Was Sie neben diesem Buch und Ihrem Kugelschreiber
sonst noch brauchen können:
- Schmierpapier
- bunte Stifte
- einen Stoß Karteikarten und
- Haftnotizen

Zu den Haftnotizen, diesen praktischen kleinen Klebezetteln, gibt es eine nette Anekdote: Spencer Silver hatte Ende der 1960er-Jahre die Aufgabe, für seinen Arbeitgeber, die *Minnesota Mining and Manufacturing Company (3M)*, einen neuen Superkleber zu entwickeln, der stärker als alle bis dahin bekannten Klebstoffe sein sollte. Was er fand, war eine klebrige Masse, die sich zwar auf allen Oberflächen gut auftragen, jedoch ebenso leicht wieder ablösen ließ – als Superkleber eine Fehlbesetzung. Die Erfindung geriet rasch in Vergessenheit.

Jahre später erinnerte sich ein Kollege Spencers, Art Fry, aus gegebenem Anlass wieder an den gescheiterten Sekundenkleber. Fry war Mitglied eines Kirchenchors und ärgerte sich regelmäßig darüber, dass seine Lesezeichen ständig aus den Notenmappen fielen. Er besorgte sich eine Probe des Klebstoffs und bestrich die Lesezeichen damit. Und siehe da: Die Zettel hafteten nun zuverlässig im Gesangbuch, ließen sich aber dennoch leicht wieder lösen, ohne die Notenblätter zu zerstören. Die Post-its waren erfunden.

Mittlerweile gibt es mehr als 400 Produktvarianten von verschiedenen Herstellern. Die US-Zeitschrift *Fortune* erklärte die Haftnotiz gar zu einer der wichtigsten Erfindungen des 20. Jahrhunderts – zusammen mit dem Kühlschrank, der Boeing 707 und der Compact Disc!

Über dieses Buch

Wie Sie dieses Buch benutzen, um den größten *Nutzen* daraus zu ziehen.

„Sage es mir und ich werde es vergessen.
Zeige es mir und ich werde mich daran erinnern.
Lass es mich tun und ich werde es verstehen."

Konfuzius

Dieses *Seminar in Buchform* ist in neun Kapitel gegliedert, die thematisch aufeinander aufbauen und sich im Schwierigkeitsgrad steigern. Es ist also durchaus sinnvoll, es von vorne nach hinten durchzuarbeiten. Natürlich kann ich Sie nicht daran hindern, herumzuspringen und hier und da etwas auszuprobieren. Und wenn Sie die Texte erst mal nur lesen wollen, kann ich auch wenig dagegen unternehmen. Dennoch werde ich Sie immer wieder einladen mitzutun. Schließlich bekommt man gute Einfälle nicht, indem man über Kreativitätstechniken liest, sondern indem man sie benutzt. Nur so lernen Sie die Angst vor dem weißen Blatt zu überwinden und gewinnen Vertrauen in Ihre eigene Kreativität.

Der Begriff Kreativität geht auf das lateinische Wort *creare* zurück und bedeutet *erschaffen, erzeugen, hervorbringen, erfinden*. Die Wortherkunft erinnert also weniger an den oft zitierten kreativen Funken oder *Heureka!-Moment*, sondern an aktives Handeln im Sinne von Hand anlegen. Um es Ihnen besonders einfach zu machen, selbst Hand anzulegen und alle Übungen tatsächlich durchzuführen, habe ich immer wieder Platz für Ihre eigenen Ideen frei gehalten. Somit gibt es keine Ausreden.

Aber egal ob Sie tatsächlich mitarbeiten möchten und den Kugelschreiber schon zur Hand genommen haben, erst mal nur schmökern und eventuell ab und an etwas probieren wollen oder in diesem Buch nur theoretische Informationen suchen: Die jetzt folgende Übung sollten Sie in jedem Fall durchführen. Gerade wenn Sie den Text nur überfliegen wollen, werden Sie so mit größerer Wahrscheinlichkeit die wichtigsten Informationen für sich herausholen können.

14 · Brainstorming for One

ÜBUNG

Was erwarten Sie von diesem Buch?

Nehmen Sie sich etwa zwei Minuten Zeit und notieren Sie, was Sie von diesem Buch erwarten:

- Welche Informationen wollen Sie darin finden?
- Welche Aufgaben mit den darin enthaltenen Werkzeugen bewältigen?
- Was wollen Sie am Ende dieses Buches für sich mitnehmen?
- Was soll sich für Sie persönlich auf Seite 207 geändert haben?

Notieren Sie Ihre Antworten gleich hier:

Hammer, Zange oder Schraubenzieher?
Denkwerkzeuge erweitern unseren Gedankenspielraum

„Wenn das einzige Werkzeug, das du hast, ein Hammer ist,
werden bald alle deine Probleme wie Nägel aussehen."

Chinesisches Sprichwort

Könnten wir nur unseren Körper einsetzen, um auf unsere Umwelt einzuwirken, würden wir an den alltäglichsten Aufgaben scheitern. Das Erfolgsmodell Mensch wäre nie so weit gekommen, hätten unsere Vorfahren nicht damit begonnen, Werkzeuge zu benutzen. Mit diesen verlängerten Gliedmaßen können wir unser Handlungsspektrum erweitern und unsere körperlichen Beschränkungen ein Stück weit aufheben.

Doch wie sieht es mit unseren geistigen und kreativen Beschränkungen aus? Viele Menschen meinen, das einzige Denkwerkzeug, das sie benötigen, sei ihr Verstand. Den benutzen sie dann mehr oder weniger erfolgreich dazu, ihre vorgefassten Meinungen und Glaubenssätze zu verteidigen. Aber ist das Denken? Oder gar kreatives Denken?

Die Denkwerkzeuge, die ich Ihnen in den folgenden Kapiteln vorstellen werde, erweitern Ihren Denkradius und helfen Ihnen so, Ideen zu finden, die nicht auf der Hand liegen.

Ich verwende den Begriff *Werkzeug* in diesem Kontext, da er für mich klarer und intuitiver als das gebräuchlichere Wort *Kreativitätstechnik* vermittelt, worum es geht: Tools, derer wir uns bedienen, um unser Spektrum zu erweitern und unser Repertoire zu vergrößern. Ich kann sie zur Hand nehmen und damit arbeiten. Und je öfter ich sie benutze, desto mehr werden sie Teil meiner selbst.

Darin gleichen Denkwerkzeuge dem Hammer, der Zange oder dem Schraubenzieher, die wir mit etwas Übung mühelos in unser Körperschema integrieren. Versuche mit Affen und Menschen weisen darauf hin, dass unser Gehirn einfache Werkzeuge so wahrnimmt, als wären sie unsere eigenen Gliedmaßen. Auch in ungewöhnlichen Körperhaltungen können wir sie deshalb problemlos einsetzen, ohne bewusst darüber nachdenken zu müssen.

Ich habe diese Werkzeuge über viele Jahre hinweg gesammelt. Zu manchen konnte ich die Namen der Erfinder herausfinden, zu anderen nicht. Manche existieren auch in unterschiedlichen Versionen und haben mehrere Väter und Mütter. Diese Quellen habe ich, wo immer es möglich war, nach bestem Wissen und Gewissen angegeben. Sollten Sie ergänzende Informationen zur Autorenschaft haben, schreiben Sie mir an: ph@petrahennrich.at

Das Erfolgsgeheimnis: Üben, üben, üben

*„Freilich ist ein Genie oft ein nur talentierter Mensch,
der besonders viel Zeit für seine Hausaufgaben hatte."*
Thomas Alva Edison

Woher wissen wir so genau, auf welche Weise wir unseren Arm schwingen müssen, damit der Hammerkopf den Nagel trifft? Durch Beobachtung und Übung lernen wir, welches Werkzeug wir bei welchem Problem wie benutzen müssen. Ähnlich ist dies bei den Denkwerkzeugen, deren Verwendung uns ja auch nicht in die Wiege gelegt wurde.

Jeder, der schon einmal ein Instrument erlernt hat, kennt das: Ohne regelmäßiges Üben zermürbender Akkordzerlegungen und langweiliger Tonleitern geht gar nichts. Trotzdem denken manche Menschen, beim kreativen Denken sei dies anders, und geben bereits nach den ersten Versuchen auf.

Ich hoffe, Sie gehören nicht dazu. Ich hoffe, Sie lassen sich durch anfängliche Herausforderungen anspornen und bleiben dran, auch wenn es einmal schwierig wird. Denn Sie sind ja ein kreativer Mensch und zeichnen sich daher durch *konstruktive Hartnäckigkeit, hohe Motivation und Ausdauer* aus. Die Benutzung kreativer Denkwerkzeuge wird für Sie mit der Zeit zur Gewohnheit werden – und ich hätte dann mein persönliches Ziel für dieses Buch erreicht.

So geht es auf den nächsten Seiten weiter:
Zum Aufbau der Kapitel

„Das Leben schafft Ordnung,
aber die Ordnung bringt kein Leben hervor."
Antoine de Saint-Exupéry

Gleich nach der Einleitung, in der ich Ihnen einige theoretische Hintergründe zum Thema Kreativität näherbringen möchte, geht es direkt an die Arbeit. Ich habe mich bemüht, den *Theorieteil* möglichst kurz zu halten. Kleinere Info-Häppchen finden Sie an passender Stelle direkt im *Praxisteil*. So müssen Sie sich mit der Theorie immer nur dann befassen, wenn Sie sie tatsächlich benötigen.

Die einzelnen Kapitel enthalten:

- einen kurzen Info-Abschnitt, der für die Arbeit an dem Kapitel nützlich ist,

- eine oder mehrere Aufwärmübungen, um Ihre kreativen Energien zu wecken,

- mehrere Denkwerkzeuge und

- praktische Übungen zu diesen Werkzeugen.

Verstreut dazwischen finden Sie ab und an

- interessante Zusatzinformationen, Anekdoten oder

- Beispiele aus der Praxis, die den Einsatz der Werkzeuge illustrieren sollen.

Einige Formulare aus dem Buch und weitere Informationen können Sie aus dem Internet herunterladen. Gehen Sie dafür auf die Verlagswebsite ↗ http://www.junfermann.de und rufen Sie die Einzeldarstellung dieses Buches auf. Unter „Mediathek" finden Sie die gewünschten Dateien.

In neun Kapiteln vom Problem zum Ziel: Der Seminarablauf

„Drei Fuß Eis kommen nicht von einem kalten Tag."
Chinesisches Sprichwort

Einleitung (Seite 19 ff.): Worüber wir reden, wenn wir über Kreativität reden, und andere Betrachtungen.

Kapitel 1 – **Ideen sammeln** (Seite 27 ff): Geistige Dehnübungen helfen Ihnen, auch die süßesten Früchte zu erreichen.

Kapitel 2 – **Idee-Landkarten** (Seite 43 ff): Kreative Menschen fragen nicht nach dem Weg – sie haben eine Karte.

Kapitel 3 – **Ideen durch Worte** (Seite 63 ff): Warum Sie nicht *nicht* an einen blauen Elefanten denken können.

Kapitel 4 – **Ideen durch Bilder** (Seite 87 ff): Bilder ermöglichen einen neuen Blickwinkel auf die Aufgabe.

Kapitel 5 – **Analog-Ideen** (Seite 107 ff): Gleicht Ihr Problem eher einer Schreibmaschine oder einem Flugzeug? Hier finden Sie es heraus.

Kapitel 6 – **Ver-*rückte* Ideen** (Seite 131 ff): Trainieren Sie Ihre geistige Beweglichkeit durch Gedanken-Seitensprünge!

Kapitel 7 – **Ideen aus der Tiefe** (Seite 147 ff): Zapfen Sie den Ideenreichtum Ihres Unbewussten bewusst an.

Kapitel 8 – **Ideen mit System** (Seite 165 ff): Wie Sie komplexe Zusammenhänge Schritt für Schritt erkennen können.

Kapitel 9 – **Ideen umsetzen** (Seite 189 ff): Hier erwachen Ihre Ideen zum Leben und nehmen Form an.

Einleitung: Worüber wir reden, wenn wir über Kreativität reden – Und warum auch Sie kreativ sind

„Alle Menschen haben die Anlage, schöpferisch tätig zu sein.
Nur merken es die meisten nie."

Truman Capote

Wenn zwei oder mehr Personen über Kreativität sprechen, kann man häufig feststellen, dass sie eigentlich über ganz unterschiedliche Phänomene diskutieren. Das macht die Kommunikation über dieses Thema nicht eben einfacher. Die folgenden Aussagen stammen von meinen Seminar-Teilnehmerinnen und -Teilnehmern:

Kreativität ist ...
- eine Eigenschaft der großen Künstler und Erfinder;
- jedem Kind angeboren, als Erwachsene verlernen wir das;
- eine gottgegebene Fähigkeit;
- reine Spinnerei;
- notwendig für wirtschaftliches Weiterkommen;
- etwas für Hobby-Bastlerinnen;
- ein Mythos;
- reine Zeitverschwendung, denn wir setzen ohnedies nichts um;
- ein großes Vergnügen;
- mühsam;
- nichts für mich;
- wie Atmen: ganz natürlich;
- was passiert, wenn ich über etwas anderes nachdenke;
- unberechenbar.

Damit wir im Verlauf dieses Buches nicht aneinander vorbeireden, schlage ich vor, uns auf eine einfache, allgemeine Begriffsbestimmung zu einigen:

> „Kreativität bezeichnet die Fähigkeit, neue Problemstellungen durch die Anwendung erworbener Fähigkeiten zu lösen."

„Wer noch nie einen Fehler gemacht hat,
hat sich noch nie an etwas Neuem versucht."

Albert Einstein

Wann immer Sie eine Aufgabe lösen, die nicht zu Ihrer Routine gehört, die für Sie neu ist, setzen Sie Ihre Kreativität ein. Und das tun Sie doch sicher öfter, oder? Hier haben Sie Platz, einige Ihrer erfolgreichsten Lösungen und kreativen Erfolge zu notieren, um sich immer wieder daran zu erinnern, wie kreativ Sie sind:

ÜBUNG

Meine kreativen Erfolge

_____

_____

_____

_____

_____

_____

_____

_____

Viele Menschen haben leider schon früh von Eltern, Lehrern oder anderen Bezugspersonen zu hören bekommen, sie seien nicht kreativ. Wenn sie dann später im Leben Ideen entwickeln sollen, antworten sie linear und analytisch und beweisen sich damit selbst, was sie als Wahrheit über sich gehört und akzeptiert haben. Sonst entstünde ein innerer Wahrheitsbruch, der Verwirrung und Verunsicherung auslöst. Die wichtigste Voraussetzung für Kreativität sind aber eben der Glaube an den eigenen Erfindergeist, das Vertrauen in den Wert der eigenen Ideen und der Mut, dazu zu stehen. Ich hoffe, Sie gehören nicht zu dem beschriebenen Personenkreis. Wenn doch, lesen Sie den ersten Absatz auf Seite 11 noch einmal aufmerksam durch.

No Brainstorming! Die Vor- und Nachteile der Gruppenarbeit

*„Das gute alte Brainstorming ist zwar noch nicht tot,
doch für manche riecht es schon ein wenig verdächtig."*

Mario Pricken

Brainstorming ist eine Kreativitätstechnik, die auf den amerikanischen Autor und Werbefachmann Alex F. Osborn zurückgeht. Im klassischen Brainstorming wird der Synergieeffekt der Gruppe genutzt: Im Idealfall inspirieren sich die Teilnehmerinnen gegenseitig zu neuen Ideen und Assoziationen. In den letzten Jahren ist diese Methode allerdings immer wieder kritisiert worden. Mario Pricken, Innovations Director und Autor mehrerer Bücher, nennt auf seiner Homepage gleich *„11 gute Gründe, kein Brainstorming durchzuführen"*. In seiner Argumentation bezieht er sich vor allem auf die mangelhaften Rahmenbedingungen, unter denen Brainstormings häufig stattfinden. Darüber hinaus braucht man für ein klassisches Brainstorming eine Gruppe von mindestens fünf bis sechs Personen. Diese sollten aus möglichst unterschiedlichen Bereichen kommen, die allerdings alle mit der Aufgabe zusammenhängen. Die oft zitierte Putzfrau ist nur dann zurate zu ziehen, wenn das Problem dem Bereich der Raumpflege entstammt.

So sitzen also schnell die besten Köpfe eines Unternehmens für Stunden in einem Meeting fest, während die eigentliche Arbeit unerledigt bleibt. Aber haben mehr Menschen automatisch mehr oder bessere Ideen? Neueren Studien zufolge deutet nichts darauf hin, dass Einzelpersonen nicht ebenso gute, wenn nicht bessere Ergebnisse erzielen können.

Natürlich ist das gesamte Wissen einer Gruppe größer und weiter gestreut als das des Einzelnen. Chancen und Risiken können fundierter beurteilt werden, wenn mehrere Augen darauf gerichtet sind. Wenn das Ergebnis später von der ganzen Gruppe getragen werden soll, ist es zudem von Vorteil, alle Mitglieder am Ideenfindungsprozess zu beteiligen, um die Akzeptanz der Lösung zu erhöhen.

Allerdings benötigen mehr Menschen auch mehr Zeit, um zu einem Ergebnis zu gelangen. Außerdem können Vorgesetzte, starke Persönlichkeiten oder der Gruppendruck das Denken der Gruppe dominieren und ungewöhnliche Denkansätze verhindern. Weniger durchsetzungsstarke Teilnehmer werden gehemmt und halten ihre Ideen zurück. Wirklich innovative Ideen werden auf diese Weise oft abgeschwächt oder versinken in einem Kompromiss.

Regeln brechen – aber richtig.
Die zehn Gebote der Ideenfindung

> *„Es gibt keine schöpferische Tätigkeit ohne Ungehorsam."*
> Jean Cocteau

Ob alleine oder in der Gruppe, die besten Ergebnisse erzielen Sie, wenn Sie die folgenden zehn *Grundregeln* beachten:

1. Das Ziel muss klar und für alle verständlich formuliert sein.
2. Alle dürfen alles sagen, was ihnen in den Sinn kommt.
3. Jede Idee – und sei sie auch noch so verrückt – wird aufgeschrieben.
4. Kritik ist verboten!
5. Egal ob positiv oder negativ: Während der Ideenfindung wird keinerlei Wertung vorgenommen. Diese erfolgt erst zu einem späteren Zeitpunkt.
6. Ideen dürfen aufgegriffen und ausgebaut werden.
   Niemand hat das alleinige Urheberrecht an einer Idee.
7. Quantität vor Qualität.
8. Fehler sind erlaubt, ja wünschenswert.
9. Wenn der Ideenfluss ins Stocken gerät: trotzdem dranbleiben!
   Die besten Einfälle kommen meist erst in einer zweiten Phase.
10. Tempo, Tempo, Tempo!

    Wenn keine Zeit zu rationalem Denken zur Verfügung steht, können Ideen freier und spontaner hervorsprudeln. Der innere Kritiker gibt auf und lässt auch ungewöhnliche oder verrückte Ideen zu. Wie sich schnelles Denken zudem positiv auf Ihre Stimmung auswirkt, erfahren Sie auf der nächsten Seite.

    Doch Vorsicht: Druck und Stress können rasch zur Kreativitätsbremse werden. Zeitdruck darf immer nur *ohne Erfolgsdruck* ausgeübt werden.

Auf die Plätze, fertig, los:
Geistige Beweglichkeit macht glücklich!

„Der Kopf ist rund, damit das Denken die Richtung wechseln kann."
Francis Picabia

Emily Pronin und Elana Jacobs von der Princeton University in New Jersey (USA) stellten sich die Frage, inwiefern sich die Art unseres Denkens – unabhängig von den Inhalten – auf unsere Stimmung auswirkt. Schwerpunkt ihrer Untersuchungen war die *geistige Beweglichkeit,* die sie aus den Komponenten *Gedanken-Geschwindigkeit* (Anzahl der Gedanken pro Zeiteinheit) und *Gedanken-Variabilität* (Unterschiedlichkeit der Gedanken) zusammensetzten. Aus mehreren Experimenten mit Studentinnen und Studenten der Universität zogen die Psychologinnen folgende Schlüsse:

1. **Geschwindigkeit:** Schnelles Denken wirkt sich positiv auf die Stimmung aus. Langsames Denken, also wenige Gedanken pro Zeiteinheit, hat keine positive Auswirkung.
2. **Variabilität:** Unterschiedliche Gedanken führen ebenso zu besserer Stimmung, wohingegen wiederkehrende Gedankenschleifen sich negativ auf unsere Gemütslage auswirken.
3. **Kombination:** Schnelles Denken unterschiedlicher Gedanken führt zur Hochstimmung, langsames, repetitives Denken zu Gedrücktheit und Depression.
4. **Inhaltliche Unabhängigkeit:** Die Auswirkungen von Gedanken-Geschwindigkeit und -Variabilität sind unabhängig vom spezifischen Inhalt der Gedanken. Auch bei neutralen oder gar negativen Gedankenthemen bleibt die positive Wirkung erhalten.

Egal, was Sie jetzt denken: Denken Sie etwas anderes. Und zwar schnell!

Sollten Ihre Ideen dann auch noch besser sein, als Sie es selbst erwartet haben, haben Sie überhaupt den Glücks-Joker gezogen. Denn ganz tief in unserem Gehirn, im sogenannten Mittelhirn, gibt es Neuronen, die immer dann, wenn ein Ereignis besser ist als erwartet, Dopamin freisetzen. Daraufhin werden Endorphine – körpereigene Opiate – produziert und im Frontalhirn ausgeschüttet. Das macht nicht nur jede Menge Spaß, es bewirkt auch, dass das Frontalhirn und der Arbeitsspeicher besser funktionieren: Wir werden wach und aufmerksam und können besser denken.

Raus aus der Komfortzone.
So befreien Sie Ihr Denken aus der Box

> *„Die meisten leben in den Ruinen ihrer Gewohnheiten"*
> Jean Cocteau

Kreatives Handeln setzt eine Auseinandersetzung mit der Umwelt, aber auch mit der eigenen Person voraus. Kreative Menschen müssen ihr Wahrnehmungsvermögen trainieren und ihre Komfortzone Schritt für Schritt erweitern, um neue Erfahrungen zu machen und neue Eindrücke zu sammeln.

Hier sind einige Anregungen, die Ihrer Kreativität auf die Sprünge helfen:

- Versuchen Sie, jeden Tag über irgendetwas erstaunt zu sein.
- Versuchen Sie, mindestens einen Menschen pro Tag in Erstaunen zu versetzen, indem Sie etwas Unerwartetes sagen oder tun.
- Durchbrechen Sie Ihre Routine: Nehmen Sie jeden Tag einen anderen Weg zur Arbeit, benutzen Sie andere Verkehrsmittel oder gehen Sie zu Fuß.
- Tun Sie mindestens einmal pro Woche etwas, das Sie noch nie getan haben und / oder wovor Sie sich ein wenig fürchten.
    - Bestellen Sie sich etwas zu essen, das Sie nicht kennen.
    - Besuchen Sie als blutiger Anfänger einen Tangokurs für Fortgeschrittene.
    - Tragen Sie völlig unpassende Kleidung.
- Lernen Sie etwas Neues! Eine Sprache, eine Sportart, ein Musikinstrument: Jede neue Fähigkeit oder Fertigkeit erweitert Ihr Repertoire.
- Essen Sie einen Tag lang nur Dinge, die rot sind.
  Am nächsten Tag nur grüne Dinge, dann blaue, gelbe …
- Tun Sie einen Tag lang nur Dinge, die mit S anfangen.
  Wenn nötig, taufen Sie Tätigkeiten um.
- Lesen Sie Fachmagazine zu verschiedensten Themen,
  auch – oder gerade – wenn Sie nicht alles darin verstehen.
- Egal was Sie denken – denken Sie einmal das Gegenteil.
- Lesen Sie Biografien inspirierender Personen.
- Besuchen Sie Ausstellungen und Museen.
- Legen Sie Ihre Lieblingsmusik auf und tanzen Sie, bis Sie müde werden!

- Sprechen Sie eine Ihnen unbekannte Person an und fragen Sie sie zu einem aktuellen Thema, das Sie beschäftigt.
- Gehen Sie spazieren und sammeln Sie kuriose Fundstücke für ein *Privatmuseum der Seltsamkeiten*.
- Tragen Sie einen Tag lang eine Perücke und beobachten Sie die Reaktionen Ihrer Umgebung.
- Besuchen Sie eine fremde Stadt und verlaufen Sie sich absichtlich.
- Legen Sie sich ein neues, außergewöhnliches Hobby zu.
- Nehmen Sie Dinge wörtlich.
  Sie werden sich wundern, wie viel Spaß man damit haben kann.
- Versuchen Sie, eine Woche lang auf das Wort *„aber"* zu verzichten.
  Ersetzen Sie es durch *„und"*.
- Machen Sie einen Besuch auf einem Spielplatz und beobachten Sie die Kinder.
- Hören Sie jeden Tag einen anderen Radiosender.
- Wechseln Sie Ihr Stammlokal.
- Notieren Sie alle Erlebnisse, Erfahrungen und Erkenntnisse, die Sie bei diesen kleinen Abenteuern haben.

26 · Brainstorming for One

> **ÜBUNG**
>
> ### Gewohnheiten ändern
>
> Erstellen Sie eine Liste aller Dinge, die Sie gewohnheitsmäßig erledigen, und ändern Sie diese Gewohnheiten für einen Tag, eine Woche oder einen Monat.
>
> | alte Gewohnheit | geändertes Verhalten |
> |---|---|
> | | |
> | | |
> | | |
> | | |
> | | |
> | | |
> | | |
> | | |
> | | |
> | | |
> | | |
> | | |
> | | |
> | | |
> | | |
> | | |

Mit Listen hat übrigens auch das nächste Kapitel zu tun. Sehen Sie selbst!

1. | Ideen sammeln

„Den echten Sammler erkennt man nicht an dem, was er hat,
sondern an dem, worüber er sich freuen würde."
Marc Chagall

Abziehbilder, alte Aktien, Autogramme, Abenteuer, Antiquitäten, Bauernmöbel, Briefmarken, Bilder, Bierdeckel, Bücher, Beeren, Comics, Chinalack-Dosen, CDs, Daten, Damenwäsche, Eisenbahnmodelle, Edelsteine, Einmachgläser, Etiketten, Einkaufszettel, Figuren aus Kristall, Fotos, Feuerzeuge, Fahnen, Gläser, Grafiken, Gedichte, Gold, Gerümpel, Hotelservietten, Halstücher, Insekten, Informationen, Jagdtrophäen, Jägermeister-Fläschchen, Kräuter, Kristalle, Katzenfotos, Lego-Steine, Lesezeichen, Lampenschirme, Mineralien, Münzen, Modellautos, Noten, Notizen, Nagellackfläschchen, Ostereier, Oblaten, Obstschalen, Porzellan, Pointen, Perlen, Pfeifen, Pfeifenputzer, Quietsche-Entchen, Radierungen, Radkappen, Rekorde, Streichholzschachteln, Schmetterlinge, Schuhe, Steine, Schallplatten, Telefone, Treuemarken, Trockenblumen, UFO-Sichtungen, Überraschungsei-Spielzeuge, Uhren, Urzeitkrebse, Vögel, Vorrat, Verse, Vasen, Videos, Wolle, Waffen, Witze, Wissen, Xylophone, Yps-Hefte und -Gimmicks, Zitate, Zeitungen und Zeitschriften.

Es gibt unzählige Dinge, die gesammelt werden. Als Erbe aus der Frühzeit des Menschen liegt uns das Sammeln im Blut. In diesem Arbeitsbuch sammeln wir Ideen. Um Sie in Schwung zu bringen, gibt es davor noch ein paar Aufwärmübungen.

Inhalt von Kapitel 1

Wecken Sie Ihre Sammelleidenschaft mit den Informationen, Übungen und Werkzeugen dieses Kapitels:

Information

Am Anfang steht das Ziel: Sechs Schritte zu neuen Ideen	29
Sei spontan! Ideen locker aus dem Handgelenk	33

Aufwärmübungen

Tempo 30	34
Acht alberne Affen	37

Werkzeuge

Merk-Sätze	38
ABC-Listen	40

Am Anfang steht das Ziel: Sechs Schritte zu neuen Ideen

„Viele verfolgen hartnäckig den Weg, den Sie gewählt haben, aber nur wenige das Ziel."
Friedrich Nietzsche

Nur in ganz seltenen Fällen stößt ein Glückspilz ohne jede Vorbereitung auf eine kreative Entdeckung. Meist gelangen wir erst nach intensiver Beschäftigung mit einer Fragestellung zu neuen schöpferischen Einsichten. Wir können den Prozess der Ideenfindung in sechs Schritte oder Phasen gliedern:

1. Definieren Sie Ihr Ziel.
2. Notieren Sie Ihre spontanen Lösungsideen.
3. Benutzen Sie ein Kreativwerkzeug, um neue Ideen zu finden.
4. Entscheiden Sie sich.
5. Planen Sie die ersten Schritte.
6. Setzen Sie Ihre Idee um.

1. Definieren Sie Ihr Ziel.

Um eine Lösung zu finden brauchen Sie vor allem eines: ein Problem. Dabei kann es sich um eine latente Unzufriedenheit handeln (*„Irgendetwas stimmt nicht, aber was?"*) oder eine konkrete Aufgabe (*„Wir müssen neue Käufergruppen für unsere Trockenhauben finden."*). In jedem Fall muss das Ziel analysiert und eingegrenzt werden. Was genau ist das Problem? Was ist *nicht* das Problem? Was wissen Sie darüber?

Eine unscharfe Definition der Aufgabenstellung kann nur zu unbefriedigenden Lösungen führen. Formulieren Sie Ihr Ziel möglichst genau und schreiben Sie es unbedingt auf. Auch – und gerade – wenn Sie alleine arbeiten. Dadurch signalisieren Sie Ihrem Unbewussten: „Darum geht es jetzt, das ist wichtig." Tipps zur optimalen Zieldefinition finden Sie im nächsten Kapitel ab Seite 45.

Leider wird der Zieldefinition oft zu wenig Aufmerksamkeit beigemessen. Manchmal überlagern gar verdeckte Ziele den Ideenfindungsprozess, zum Beispiel wenn der Abteilungsleiter zu einem Brainstorming einlädt, bei dem er eigentlich nur seine eigene, bereits vorhandene Idee bestätigt wissen will. Lachen Sie nicht! Das habe ich selbst erlebt.

2. Notieren Sie Ihre spontanen Lösungsideen.

Manchmal haben Sie schon nach der Zieldefinition erste Ideen und Assoziationen zu Ihrem Problem. Schreiben Sie diese spontanen Ideen auf. In vielen Fällen sind die ersten Einfälle nicht die besten oder kreativsten, aber: sicher ist sicher. Vielleicht wollen Sie später noch darauf zurückkommen. Indem Sie alles (wirklich alles!) aufschreiben, was Ihnen einfällt, geht erstens nichts verloren und zweitens können Sie diese Gedanken loslassen. Sie sind sicher verwahrt und beeinflussen nicht mehr Ihren weiteren kreativen Prozess.

Übungen, um den Ideenfluss in Gang zu bringen, sind das Kernthema dieses Kapitels. Sie werden auf den nächsten Seiten einige Methoden der Ideensammlung kennenlernen und ausprobieren.

3. Benutzen Sie ein Kreativwerkzeug, um neue Ideen zu finden!

Der überwiegende Teil dieses Buches ist dieser Phase des kreativen Prozesses gewidmet. Mit der Zeit werden Sie feststellen, dass nicht jedes Tool für jede Aufgabenstellung geeignet ist und Sie mit einigen besser klarkommen als mit anderen. Um das herauszufinden, müssen Sie sie aber ausprobieren. Auch wenn die eine oder andere Methode Ihnen albern oder unsinnig erscheint: Geben Sie ihr – und sich selbst – eine Chance und urteilen Sie erst später darüber.

Apropos *urteilen*: In dieser Phase ist das Bewerten der Ideen streng verboten. Hier gilt Quantität vor Qualität. Auch wenn nur Quatsch dabei herauskommt, schreiben Sie alles auf!

 Wie schön, dreimal „Qua" in einer Zeile! Das bringt sicher Glück. Werfen Sie dieses Buch an die Wand – vielleicht springt ein Prinz heraus.

Selbst die unmöglichsten Alternativen sind wertvoll. Wenn sie nicht funktionieren, kann man immer noch darüber lachen.

Manche Menschen halten sich nur deshalb für nicht kreativ, weil sie ihre besten Ideen zu früh „abschießen". Ihre Kontrollstelle für Ideen im vorderen limbischen System, die unsere Gedanken auf Plausibilität überprüft, ist zu stark ausgeprägt und meldet sich zu laut. Wir müssen uns bemühen, diesen inneren Kritiker bewusst auszuschalten, um unseren kreativen Anteilen eine Chance zu geben.

4. Entscheiden Sie sich.

Wir können nicht alles umsetzen. Gerade kreative Menschen nehmen sich oft zu viel vor und sind dann enttäuscht, wenn sie nicht alles schaffen. Daher müssen wir uns für die besten Lösungswege entscheiden.

Lassen Sie zwischen der Ideenfindung und -bewertung möglichst ein paar Stunden verstreichen. Mit etwas Abstand wird es Ihnen leichter fallen, objektiv zu urteilen und die besten Einfälle auszuwählen. Was ist jetzt schon brauchbar? Was kann noch verbessert werden? Wozu könnte das führen? Entscheiden Sie sich für eine oder mehrere Ideen, die Sie umsetzen möchten. Werkzeuge für diesen Schritt sowie für die weitere Planung finden Sie in Kapitel 9 ab Seite 189.

5. Planen Sie die ersten Schritte.

Wie können Sie Ihre Ideen umsetzen? Was muss alles erledigt werden? Von wem? In welcher Reihenfolge? Welches ist der erste Schritt? Erstellen Sie einen Ablaufplan mit Terminen und Verantwortlichkeiten. Oder schreiben Sie eine To-do-Liste, die Sie in Ihren Kalender oder unters Kopfkissen legen.

Vorsicht: Die Zahnfee verlangt große Opfer für ihre Hilfe, dritte Zähne sind schließlich teuer. Günstiger ist es, sich bei größeren Vorhaben vorab mit dem Thema Projektplanung zu befassen.

6. Setzen Sie Ihre Idee um.

Viele kreative Projekte scheitern an dieser Stelle. Das ist traurig. Erstens haben Sie Ihre Zeit vergeudet und zweitens könnte sich dadurch Ihre Einstellung zur Kreativität dauerhaft verändern. Wenn Ihre mit Begeisterung und Freude gefundenen Ideen sich im Sande verlaufen, gehen Sie beim nächsten Mal vielleicht mit weniger Enthusiasmus an eine kreative Aufgabenstellung heran.

Der amerikanische Psychologe und Genie-Forscher Dean Keith Simonton geht sogar so weit zu behaupten, dass Kreativität überhaupt erst durch Handeln entsteht. Nach langjährigen Studien auf diesem Gebiet betrachtet er es als erwiesen, dass Genies wie Picasso, da Vinci oder Shakespeare, aber auch Wissenschaftler wie Richard Feynman keine höhere Trefferquote als ihre Berufsgenossen hatten. Sie waren einfach nur produktiver und konnten so mehr Erfolge – aber auch Misserfolge – erzielen.

Auch zwischen diesen einzelnen Schritten arbeitet Ihr Gehirn unterhalb der Schwelle Ihrer bewussten Wahrnehmung weiter an dem Problem. In diesen sogenannten *Inkubations-* oder *Reifungsphasen* verarbeitet es die Informationen und verknüpft sie mit Daten aus anderen Themenbereichen. Je mehr Wissen, Eindrücke und Erfahrungen ihm dabei zur Verfügung stehen, desto besser.

Wenn Sie als Künstler, Art Directorin oder Texter das nächste Mal gefragt werden, wie lange Sie an einem bestimmten Werk gearbeitet haben, antworten Sie daher selbstbewusst: *„Mein Leben lang!"* – und seien Sie gespannt auf die Reaktion Ihres Gegenübers.

Ungewöhnliche Verknüpfungen, die in der Inkubationsphase besonders häufig vorkommen, können zu unerwarteten *Aha-Erlebnissen* führen, in denen überraschende Einsichten neue Lösungen möglich machen. Diese auch als *Heureka!-Momente* bezeichneten Ereignisse treten vor allem im entspannten Zustand in der Freizeit auf. Auf Außenstehende wirken sie häufig wie plötzliche, leichtfüßige und mühelose Geniestreiche. In Wirklichkeit sind sie das Ergebnis gewissenhafter Vorbereitung und Vorarbeit. Mehr dazu in Kapitel 7 ab Seite 147 ff.

Sei spontan! Ideen locker aus dem Handgelenk

„Auf Befehl etwas spontan zu tun ist ebenso unmöglich,
wie etwas vorsätzlich zu vergessen oder absichtlich tiefer zu schlafen."
Paul Watzlawick

Spontane Ideen entstehen selten unter Druck. Zwischen Telefonaten, E-Mails, Verhandlungen und Kostenkalkulation mal schnell einen genialen Einfall zu produzieren, während der Kunde oder Chef schon ungeduldig mit den Fingern trommelt, ist schlicht unmöglich. Fünf Minuten später in der Kaffeeküche sieht die Sache schon ganz anders aus.

Vielleicht wird aus diesem Grund in Werbeagenturen so viel Kaffee getrunken. Möglicherweise geht es gar nicht um den Koffein-Konsum, sondern um den Weg vom Schreibtisch in die Küche. In diesem Fall könnten andere ritualisierte Arbeitspausen einen ähnlichen Effekt erzielen.

Kreativität bedeutet immer auch, dass etwas in Bewegung kommt, dass wir unseren Gedanken eine neue Richtung geben. Eine gute Möglichkeit das zu erreichen ist, selbst physisch in Bewegung zu kommen. Ein Ortswechsel kann Wunder wirken. Bevor wir nun also mit den ersten Kreativwerkzeugen beginnen, fordere ich Sie auf, dieses Buch wegzulegen und etwas gänzlich anderes zu tun.

- Öffnen Sie ein Fenster, atmen Sie einige Male tief durch und beobachten Sie, was draußen vor sich geht.
- Machen Sie einen kurzen Spaziergang um den Häuserblock.
- Wenn Sie ungestört sind, tanzen oder singen Sie für einige Minuten.
- Lachen Sie laut und herzhaft! Lachen ist eine Art lauter Sofortmeditation. Wir lachen immer im Hier und Jetzt.
- Auch Yoga-Übungen eignen sich hervorragend als Vorbereitung.
- Können Sie jonglieren? – Wunderbar! Jonglieren wirkt ausgleichend und beruhigend und nutzt zudem beide Gehirnhälften gleichermaßen.
- Alles klar? Dann Buch zuklappen, weglegen, und los ...!
- Jetzt gleich!
- ...
- ...
- Nicht schummeln!

Nicht nur der Körper, auch der Geist muss trainiert werden, um beweglich zu bleiben. Die folgenden Techniken dienen als geistige Dehn-Übungen, um Ihre Gedanken geschmeidig zu machen und Ihr Denken zu verflüssigen. Gehirn-Yoga für Anfängerinnen und Fortgeschrittene:

Tempo 30

Diese Übung ist ein hervorragender Einstieg in den kreativen Prozess und lässt sich jederzeit anwenden, wenn es mal nicht weitergeht. Sie können Sie als Fingerübung zwischendurch verwenden (Anfänger-Version) oder dabei konkrete Ideen zu einem vorgegebenen Thema sammeln (Fortgeschrittene). Das Schöne daran: Es kostet Sie nur eine Minute!

Einsatz:	zur Einstimmung auf ein Thema oder zur Auflockerung zwischendurch
Benötigt:	Stift, Papier oder das Formular auf der nächsten Seite, Stoppuhr
Dauer:	1 Minute
Tipp:	Kann auch mit mehreren Teilnehmerinnen als Wettbewerb gespielt werden.

Ablauf:

1. Wählen Sie ein konkretes Thema, zu dem Sie Ideen sammeln möchten.
   (Für die Anfängerinnen-Version lassen Sie diesen Punkt einfach aus.)
2. Suchen Sie ein neutrales, zufälliges Wort als *Schrottwort*, das nichts mit dem Thema zu tun hat. Zum Beispiel *Flaschenöffner*.
3. Stellen Sie die Stoppuhr auf 60 Sekunden ein, nehmen Sie den Stift zur Hand und notieren Sie auf der nächsten Seite eine Minute lang, ohne abzusetzen und so schnell Sie können, alle Begriffe, die Ihnen zu dem Thema in den Sinn kommen. Wenn Ihnen nichts mehr einfällt, verwenden Sie Ihr Schrottwort, bis die Wörter wieder von selbst fließen. Selbst wenn Sie sich Dutzende Male wiederholen, machen Sie weiter.
   Der Trick dieser Methode besteht darin, nicht mit dem Schreiben aufzuhören, bis die 60 Sekunden vorbei sind. So können Sie allzu logische, normale Gedanken überwinden und Ideen aus den Tiefen Ihres Unbewussten hervorholen. Sie lernen, Ihren inneren Zensor auszuschalten und neuen, ungewöhnlichen Gedanken eine Chance zu geben. Ziel ist es, mindestens 30 Begriffe zu notieren, bevor die Zeit abläuft.
4. Danach können Sie Ihre Ergebnisse durchlesen, ordnen, weiterspinnen oder aussortieren. Wenn Sie ein visueller Mensch sind, benutzen Sie bunte Stifte, Unterstreichungen, Sterne oder Kringel, um Ihre Ideenliste übersichtlicher zu machen.

Bei Ihrem ersten Versuch werden Sie vielleicht noch keine 30 Wörter schaffen. Aber mit etwas Training werden Ihre Gedanken schnell flüssiger und Sie werden mit dem Schreiben kaum nachkommen.

> ÜBUNG

Top, die Zeit läuft!

Thema:_____ Datum:_____

1		16	
2		17	
3		18	
4		19	
5		20	
6		21	
7		22	
8		23	
9		24	
10		25	
11		26	
12		27	
13		28	
14		29	
15		30	
...		...	

Acht alberne Affen

> „Die größte Stärke der Narren ist es,
> dass sie keine Angst haben, Dummheiten zu sagen."
>
> Jean Cocteau

In meinen Seminaren erlebe ich immer wieder, dass die Teilnehmerinnen sich erst dann trauen, ungewöhnliche oder verrückte Ideen zu äußern, wenn sie sich einmal vor der Gruppe zum Affen gemacht haben. Daher plane ich nach den ersten eher verhaltenen Kennenlern-Runden für gewöhnlich eine Übung ein, die man *gar nicht richtig machen kann*. Sobald alle Teilnehmer mindestens einen Fehler gemacht haben – und, da ich immer auf die Zwangsläufigkeit des Scheiterns hinweise, mit ausdrücklicher Erlaubnis der Trainerin –, fällt es jedem leichter, frei zu spielen und zu spinnen.

Acht alberne Affen beschreibt nicht meine Seminar-Teilnehmer bei einer dieser Übungen, sondern ist ein Spiel, bei dem Sie die Chance haben, sich vor sich selbst zu blamieren. Das tun wir ja nicht so gerne und sollten es daher häufig üben, um im Ernstfall nicht ganz unvorbereitet zu sein.

Diese Übung, die ursprünglich aus dem Sprechtraining für Schauspieler stammt, macht Spaß und hilft dabei, Ihren Geist für Humor und Unsinn zu öffnen. Sie tricksen Ihren inneren Zensor aus und machen sich frei für neue Ideen und Inspirationen.

Einsatz:	zur Auflockerung vor der eigentlichen Ideensuche oder einfach zwischendurch
Benötigt:	Stift, Papier und Zufallsbuchstabenblatt auf Seite 70
Dauer:	5 Minuten; je nach Lust, Laune und Möglichkeit auch mehr
Tipp:	Auch als abendliches Hüttenspiel geeignet.

Ideen sammeln · 37

Ablauf:

1. Wählen Sie einen Buchstaben aus. Sie können dazu das Zufallsbuchstabenblatt auf Seite 70 verwenden oder mit A beginnen und systematisch alle Buchstaben durcharbeiten.
   (Melden Sie sich bitte bei mir, sobald Sie X und Y erledigt haben!)
2. Bilden Sie nun möglichst lange Sätze, in denen jedes Wort mit dem gewählten Buchstaben beginnt. Die Sätze müssen inhaltlich nicht besonders tiefschürfend, aber doch grammatikalisch korrekt sein. Zum Beispiel:
   Acht alberne Affen achten am Abend aufmerksam auf angreifende Aasfresser, allerdings anders als allzeit äsende, ahnungslose Antilopen auf Anjouan.
   Besonders brave Buben brauchen bei bedenklichen Bedingungen badend beide Beine beim Balancieren bunter Bälle, bevor Bösewichte barsch brüllen: Beiseite, Bauerntölpel!
3. Probieren Sie mehrere Buchstaben durch und bauen Sie möglichst viele schöne Zungenbrecher. Sprechen Sie die Sätze so schnell Sie können laut aus.

ÜBUNG

Notieren Sie Ihren schönsten, längsten Satz hier:

_____

_____

_____

_____

_____

_____

_____

_____

_____

Merk-Sätze

Das Prinzip dieser Übung kennen Sie bestimmt noch aus der Schulzeit. Wieder werden Sätze mit bestimmten Anfangsbuchstaben gebildet, diesmal entsprechen diese aber den Buchstaben eines Wortes oder einer bestimmten Zeichenfolge. Diese Sätze dienen oft als Eselsbrücke. Bekanntes, wenn auch mittlerweile veraltetes Beispiel: *„Mein Vater erklärt mir jeden Sonntag unsere neun Planeten."* steht für *Merkur – Venus – Erde – Mars – Jupiter – Saturn – Uranus – Neptun – Pluto*, also die Planeten in der Reihenfolge ihrer Distanz zur Sonne. Seit Pluto in den Rang eines Zwergplaneten degradiert wurde, hat der Merksatz leider an Nützlichkeit verloren. Ein anderes Beispiel habe ich mir aus dem Gitarren-Unterricht gemerkt: *„Ein Anfänger der Gitarre habe Eifer"* steht für die Saiten der Gitarre von der tiefsten zur höchsten: **E-A-D-G-H-E**.

Wir nutzen diese Technik hier nicht, um einen Merksatz zu bilden, sondern zur Auflockerung oder Einstimmung auf ein konkretes Thema, zu dem wir im Anschluss weiter arbeiten wollen.

Einsatz: zur Auflockerung oder Einstimmung auf ein Thema
Benötigt: Stift und Papier
Dauer: 5 Minuten; je nach Lust, Laune und Möglichkeit auch mehr
Tipp: Funktioniert auch ausgezeichnet mit Akronymen, Marken- und Firmennamen.

Ablauf:

1. Bestimmen Sie das Thema, zu dem Sie Ideen sammeln wollen, und fassen Sie es in einem Wort zusammen. Ideal sind Stichwörter mit vier bis sechs Buchstaben. Zur Übung können Sie auch einfach Ihren *Vornamen* verwenden, wie ich es im Beispiel auf der nächsten Seite getan habe.
2. Schreiben Sie den Begriff so an den oberen Rand eines Blattes, dass zwischen den Buchstaben genügend Platz bleibt.
3. Nun bilden Sie möglichst viele Sätze oder Halbsätze, deren Wörter mit den Buchstaben Ihres Begriffes beginnen, und zwar in der vorgegebenen Reihenfolge. Besonders schön ist es, wenn Sie Sätze finden, die tatsächlich zu Ihrem Thema passen.

Mit dem eigenen Namen wird die Übung zum Coaching-Tool:

P	E	T	R	A
Phantasievoll	entwickelte	Träume	reifen	alleine.
Praktische	Erfolge	tauchen	rasch	auf.
Praktiziere	eine	Technik	richtig	ausgiebig.
Plane	eines	Textes	rechten	Anfang!
Phantasievolle	Erdenbürger	träumen	realistische	Abenteuer.
Phantasie	entflieht	tristem,	ruhigem	Alltag.

Sie können viele der in diesem Buch vorgestellten Methoden als Selbstcoaching-Übung auf sich selbst anwenden. Dadurch gewinnen Sie neue Einsichten in die eigene Person und stoßen auf Eigenschaften, Stärken und Ressourcen, die Sie bis dahin noch nicht in sich vermutet hätten.

ÜBUNG

Probieren Sie's gleich selbst aus!

ABC-Listen

Listen lenken die Aufmerksamkeit. Sie können als Erinnerungsstütze dienen, zu neuen Ideen anregen und überhaupt das Leben leichter, übersichtlicher und vielfältiger machen. Mit ABC-Listen erweitern Sie zudem Ihr kreatives und sprachliches Repertoire. Sie trainieren Ihr Gehirn, holen Begriffe, die Sie schon lange nicht verwendet haben, aus der Versenkung Ihres Unbewussten hervor und schaffen einen guten Grundstock für die spätere Ideenfindung. Und all das, während Sie morgens auf den Bus warten, in der Werbepause oder im Wartezimmer Ihres Arztes.

Einsatz: zur Einstimmung auf ein Thema, schnellen Inventur, ersten Ideensammlung, Auflockerung, Steigerung der Kreativität und Erweiterung des sprachlichen Repertoires

Benötigt: Stift und Arbeitsbogen auf Seite 41

Weitere Bögen zum Ausdrucken im A4-Format können Sie auf ↗ http://www.junfermann.de herunterladen.

Dauer: 5 bis 10 Minuten

Tipp: Verkürzt Wartezeiten an der Busstation oder in der Werbepause.

Ablauf:

1. Überlegen Sie, zu welchem Thema Sie Ideen sammeln wollen, und schreiben Sie dieses in die dafür vorgesehene Zeile des Arbeitsbogens. Zum Beispiel ein konkretes Problem, zu dem Sie Lösungen suchen, oder ein beliebiges Stichwort, das Sie interessiert.
2. Finden Sie in möglichst kurzer Zeit zu jedem Buchstaben des Alphabets mindestens einen zu Ihrem Thema passenden Begriff und tragen Sie diesen in die Tabelle ein. Dabei müssen Sie sich nicht verbissen von A bis Z durchkämpfen, springen Sie locker von Buchstabe zu Buchstabe. Arbeiten Sie so flüssig und kontinuierlich wie möglich. Wenn Sie das Gefühl haben, dass nichts mehr geht, beweisen Sie Mut zur Lücke und lassen eine oder zwei Zeilen frei. Natürlich können Sie auch mehrere Wörter pro Buchstabe eintragen.
3. So erhalten Sie in kurzer Zeit eine ansehnliche Liste unterschiedlicher Begriffe. Diese können Sie nun weiter bearbeiten, kombinieren und verfeinern.

Wenn Sie die Liste zur Übung oder zum Zeitvertreib erstellt haben, heben Sie sie für Ihr nächstes Brainstorming auf. Benötigen Sie dann ein Reizwort (siehe Kapitel 3, ab Seite 75) als Impuls, nehmen Sie die Liste zur Hand und wählen Sie einen zufälligen Begriff als Inspiration.

Ideen sammeln · 41

ÜBUNG

Erstellen Sie Ihre erste ABC-Liste!

Thema:_____   Datum:_____

A	
B	
C	
D	
E	
F	
G	
H	
I	
J	
K	
L	
M	

N	
O	
P	
Q	
R	
S	
T	
U	
V	
W	
X	
Y	
Z	

Die Aufzählung der Sammelobjekte auf Seite 27 ist das Ergebnis einer solchen ABC-Liste, die ich erstellt habe, bevor ich mit dem Schreiben dieses Kapitels begann. Bestimmt fallen Ihnen noch mehr Dinge ein, die man sammeln kann. Zum Beispiel ABC-Listen!

2. | Ideen-Land-Karten

„Biegen Sie links ab in den Oberdürnbach.“
Stimme eines Navigationsgerätes

So nützlich Listen beim Sammeln von Ideen sind: Manchmal ist es sinnvoller, sich Informationen und Ideen in Form einer Landkarte vorzustellen. Das weiß jeder, der einmal mit einer online erstellten Wegbeschreibung in einer unbekannten Gegend unterwegs war.

> „(1.) Auf Wr. Str./B1 nach Westen Richtung Defreggerstr. starten 450 m, (2.) 3. links auf Rennbahnstr./B1 nehmen, weiter auf B1 1,0 km, (3.) Im Kreisverkehr vierte Ausfahrt nehmen 3,5 km (4.) Rechts abbiegen auf B39 Weiter auf B39 5,5 km (5.) Rechts abbiegen auf B29 700 m (6.) Nach links abbiegen, um auf B29 zu bleiben 7,5 km (7.) Nach rechts abbiegen, um auf B29 zu bleiben 5,5 km (8.) Weiter auf Steirerg. 450 m (9.) Rechts abbiegen auf Hochgerichtstr. 350 m (10.) Hochgerichtstr. verläuft leicht nach links und wird zu L5246 2,0 km 11. Rechts halten auf Wiesenöd 54 m 12. Weiter auf L5247.“

Das mag ja alles korrekt sein, aber wo ich tatsächlich gerade bin und wo mein Ziel in Relation dazu liegt, erfahre ich so nicht.

Auch jede Ideenfindung ist in gewisser Weise eine Reise vom Ausgangspunkt *Problem* zum Endpunkt *Lösung*, mit ihren eigenen Abzweigungen, Sackgassen, Hindernissen, Abkürzungen und Sehenswürdigkeiten. *„Hic sunt dracones“* schrieb man auf alten Karten und Globen in den Raum jenseits der bekannten Welt: *„Hier gibt es Drachen.“* Welches sind die nicht kartografierten Gegenden Ihrer Aufgabenstellung? Wo lauern Ihre Drachen?

Inhalt von Kapitel 2

In diesem Kapitel werden wir uns mit der Kartografie von Gedanken beschäftigen und Landkarten des Ideenraumes zeichnen. Dies sind die Themen, Übungen und Werkzeuge, die auf Sie zukommen:

Information

Mit K.R.A.F.T. zum Ziel	45
So formen Sie K.R.A.F.T.-volle Ziele	46

Aufwärmübungen

Tanz das Alphabet	48

Werkzeuge

KaWa	51
KaGa	53
Mind-Mapping	56
Clustering	61

Mit K.R.A.F.T. zum Ziel: Attraktive, wohlgeformte Ziele

„Grinsekatze", fragte Alice. „Würdest du mir bitte sagen, wie ich von hier aus weitergehen soll?"
„Das hängt zum großen Teil davon ab, wohin du möchtest", sagte die Katze.
„Ach, wohin ist mir eigentlich gleich –", sagte Alice.
„Dann ist es auch egal, wie du weitergehst", sagte die Katze.
„– solange ich nur irgendwohin komme", fügte Alice zur Erklärung hinzu.
„Das kommst du bestimmt", sagte die Katze, „wenn du nur lange genug weiterläufst."

Lewis Carroll, Alice im Wunderland

Bevor Sie eine Lösung suchen, müssen Sie sich fragen, was denn eigentlich das Problem ist. Logisch, denken Sie. Aber manchmal ist es gar nicht so einfach, die Aufgabe konkret zu benennen.

Ein guter Anfangspunkt für die Problembeschreibung sind offene Fragen, am besten in der Ich-Form. *„Wie muss ich ...?"*, *„Auf welche Weise kann ich ...?"*, *„Was muss ich tun, um ...?"*, *„Wo bekomme ich ...?"* oder *„Welche ... kann ich ...?"* Formulieren Sie mehrere unterschiedliche Fragen zu Ihrem Thema, bis Sie eine gefunden haben, die Ihrer Phantasie optimal auf die Sprünge hilft. Oft liegt die Lösung eines Problems bereits in der Umformulierung der Aufgabe.

Fragen fokussieren, geben Energie und können Interesse und Leidenschaften wecken. Sie werfen ein neues Licht auf Dinge, die bislang im Schatten lagen. Eine gute Frage ist wie ein Pfeil, den Sie auf Ihr Ziel richten. Doch wie muss dieses Ziel beschaffen sein?

In Therapie, Coaching oder NLP werden verschiedene Ziel-Modelle verwendet, denen allesamt eines gemeinsam ist: Sie dienen als Hilfe, um sogenannte *wohlgeformte Ziele* zu beschreiben. Eines dieser Modelle stelle ich Ihnen auf der nächsten Seite vor. Sie können es als Checkliste verwenden, um Ihre Aufgabenstellungen während der Arbeit mit diesem Buch immer wieder zu überprüfen.

So formulieren Sie K.R.A.F.T.-volle Ziele

„Du musst schon da sein, bevor du angekommen bist."
Richard Bach, Die Möwe Jonathan

Konkret (= positiv und sinnspezifisch)

Realistisch (= erreichbar und überprüfbar)

Attraktiv (= lohnenswert und motivierend)

Fähigkeit zur Umsetzung (= mit den gegebenen Ressourcen erreichbar)

Terminiert (= zeitlich konkret und in Teilschritte aufteilbar)

---

1. Konkret (= positiv und sinnspezifisch)

- Was genau wollen Sie erreichen?
- Wann, wo und mit wem?
- Woran erkennen Sie, dass Sie es erreicht haben?
- Was wollen Sie aktiv tun, um das Ziel zu erreichen?

2. Realistisch (= erreichbar und überprüfbar)

- Ist das Ziel realistisch?
- Wie können Sie die Zielerreichung beeinflussen?
- Welche Aspekte davon stehen in Ihrem Einflussbereich?
- Was genau können Sie tun?

3. Attraktiv (= lohnenswert und motivierend)

- Warum ist es Ihnen wichtig, das Ziel zu erreichen?
- Was ist der Nutzen und Gewinn daraus?
- Welche positiven Auswirkungen wird das auf Sie haben?
- Was wird sich für Sie ändern, wenn das Ziel erreicht ist?

4. Fähigkeit zur Umsetzung (= mit den gegebenen Ressourcen erreichbar)

- Welche Fähigkeiten und Ressourcen stehen Ihnen zur Verfügung?
- Wie können Sie diese einsetzen?

5. Terminiert (= zeitlich konkret und in Teilschritte aufteilbar)

- Bis wann genau soll das Ziel erreicht sein?
- Was sind Ihre ersten Schritte?
- Wie können diese Schritte konkret aussehen?

ÜBUNG

Ziele überprüfen

Formulieren Sie Aufgaben und Fragestellungen, die Sie derzeit beschäftigen, und überprüfen Sie diese mithilfe des K.R.A.F.T.-Ziele-Modells, bevor Sie mit den Übungen und Werkzeugen der nächsten Seiten beginnen:

Tanz das Alphabet

Auch für dieses Kapitel gilt: Zunächst müssen wir uns aufwärmen und in Bewegung kommen. Die folgende Übung, die linke und rechte Gehirnhälfte vernetzt, habe ich bei einem Seminar meines Trainer-Kollegen Nikolaus Kubicek kennengelernt. In der Gruppe macht sie mehr Spaß, da man schnell merkt, dass *jeder* dabei Fehler macht. So verliert man die Scheu davor, selbst einen Fehler zu begehen. Sie funktioniert aber auch alleine gut.

Einsatz:	zur Auflockerung
Benötigt:	Stift und Arbeitsbogen auf Seite 49
	Den Arbeitsbogen können Sie unter ↗ http://www.junfermann.de herunterladen.
Dauer:	1–2 Minuten
Tipp:	Vernetzt linke und rechte Gehirnhälfte.

Ablauf:

1. Tragen Sie in die Felder des Formulars auf der nächsten Seite in zufälliger Reihenfolge die Buchstaben *B*, *L* und *R* ein. Jeder Buchstabe soll in etwa gleich oft vorkommen. Sie müssen dabei aber nicht mitzählen, eine grobe Schätzung reicht. Am Schluss sollte jedenfalls in jedem der Kästchen neben dem gedruckten Buchstaben auch ein handgeschriebener stehen. Füllen Sie das Formular gleich aus, bevor Sie weiterlesen. *Nicht mogeln!*

Ideen-Land-Karten · 49

A	B	C	D
E	F	G	H
I	J	K	L
M	N	O	P
Q	R	S	T
U	V	W	X

2. Stehen Sie auf und legen Sie die Seite so vor sich hin, dass Sie die Buchstaben gut lesen können. Wenn Sie zu zweit sind, kann auch abwechselnd einer das Buch für den anderen halten.
3. Lesen Sie nun die gedruckten Buchstaben der Reihe nach laut vor und machen Sie dazu die Geste, die Ihre handschriftlichen Buchstaben vorgeben:
   L bedeutet: Heben Sie den *linken Arm*.
   R bedeutet: Heben Sie den *rechten Arm*.
   B bedeutet: Heben Sie *beide Arme*.
4. Machen Sie noch einen weiteren Durchgang, diesmal aber *wesentlich* schneller.
5. Überlegen Sie sich eigene Gesten zu den Buchstaben. Beziehen Sie dabei auch andere Körperteile mit ein. Sie können zum Beispiel jeweils ein Bein heben und bei *B* springen oder in die Hocke gehen oder jedem Buchstaben einen Körperteil zuordnen, zum Beispiel mit dem **B**ein treten, **E**llenbogen heben, **R**ücken beugen.

Das Alphabet haben wir zu einem sehr frühen Zeitpunkt in unserem Leben auswendig gelernt und verinnerlicht. Wir können es in jeder Lebenslage – auch im Schlaf – blind herunterrattern. Das macht diese Übung etwas einfacher, da Sie die gedruckten Buchstaben gar nicht wirklich lesen müssen. Erhöhen Sie den Schwierigkeitsgrad und Spaßfaktor, indem Sie nicht von links nach rechts, sondern von oben nach unten oder von hinten nach vorne lesen. Dabei darf sich Ihr Gehirn etwas mehr anstrengen.

KaWa

Das Kunstwort *KaWa* steht für *Kreativ Analograffiti©, Wort-Assoziationen*. Die Methode wurde von Vera F. Birkenbihl entwickelt und ist eines der Markenzeichen der 2011 verstorbenen Managementtrainerin und Autorin. Ein *Analograffiti©* kombiniert Bildhaftes und Worte zu einem *Gesamtkunstwerk* und ist ein gutes Werkzeug für gehirngerechtes Lernen.

Einsatz:	um Ideen zu sammeln, einen Vortrag vorzubereiten, den Stoff für eine Prüfung zu strukturieren oder einfach als Zeitvertreib
Benötigt:	ein großes Blatt Papier und bunte Stifte
Dauer:	10 bis 15 Minuten
Tipp:	Manchmal muss man kreativ schummeln, um einen Begriff unterzubringen. Zum Beispiel, wenn der passende Anfangsbuchstabe fehlt. Korrekte Rechtschreibung ist nicht Thema dieser Übung – außer Sie fertigen Ihr KaWa im Deutschunterricht an.

Ablauf:

1. Schreiben Sie das Stichwort, zu dem Sie Ideen sammeln oder strukturieren wollen, in GROSSEN, **fetten** Buchstaben ins Zentrum des querformatigen Blattes.
2. Finden Sie zu jedem Buchstaben des Stichwortes mindestens einen Begriff, der mit diesem Buchstaben beginnt und mit Ihrem Thema zu tun hat. Schreiben Sie die Begriffe um Ihr Stichwort herum auf und verbinden Sie diese mit der entsprechenden Letter.
Sie müssen nicht alle Buchstaben der Reihe nach durcharbeiten. Im Gegenteil, assoziieren Sie frei zu Ihrem Thema und springen Sie dabei kreuz und quer von Letter zu Letter. Kommt ein Buchstabe mehrmals vor, können Sie die Doubletten auch mit einer Linie verbinden und nur eine Assoziation für beide eintragen. Sollte Ihnen zu einem Buchstaben partout nichts einfallen, konsultieren Sie ein Wörterbuch und lassen Sie sich dadurch inspirieren.
3. Markieren Sie zusammengehörende Assoziationen farbig. Wenn Sie möchten, können Sie die großen Lettern auch bunt ausmalen oder schraffieren und kleine Skizzen zu den gefundenen Begriffen anfertigen.

52 · Brainstorming for One

4. Was fällt Ihnen auf, wenn Sie Ihr KaWa betrachten? Welche neuen Erkenntnisse konnten Sie im Prozess des Schreibens und Gestaltens gewinnen? Notieren Sie diese neuen Ideen entweder direkt im KaWa oder auf der Rückseite des Blattes.

In meinen Seminaren verwende ich diese Technik gerne anstatt der üblichen, meist eher langweiligen Vorstellungsrunde. Ich bitte meine Teilnehmer und Teilnehmerinnen, ein KaWa zu ihrem *Vornamen* zu gestalten. Im Anschluss präsentiert jede/r das Namens-Bild und erklärt der Gruppe kurz, was die gefundenen Begriffe mit ihm oder ihr zu tun haben. Dabei kommen oft interessante Informationen zutage, die bei einer konventionellen Vorstellung ausgelassen würden. Außerdem erinnern sich die Teilnehmer besser an alle Namen und merken sich oft noch lange bestimmte Eigenschaften oder Hobbys der Kolleginnen.

ÜBUNG

Gestalten Sie Ihr eigenes Namens-KaWa!

Es kann auch durchaus lohnend sein, mehrere KaWas zum gleichen Thema anzufertigen. Die Assoziationen werden dadurch tiefgründiger und reichhaltiger.

KaGa

Diese bunte Schwester des KaWa wurde ebenfalls von Vera F. Birkenbihl entwickelt. Die Abkürzung *KaGa* steht für *Kreativ Analograffiti©, Grafische Assoziationen.* Hier werden statt Wörtern Bilder und Skizzen zu einem Thema assoziiert.

Einsatz:	um sich ein erstes Bild (sic!) von einem Thema zu machen; zur Ideensammlung, Vorbereitung eines Vortrags oder Strukturierung eines Lernstoffs
Benötigt:	ein großes Blatt Papier und bunte Stifte
Dauer:	10 bis 15 Minuten
Tipp:	Sie müssen nicht zeichnen können, um ein KaGa zu erstellen. Bereits mit einfachen Linien, Rechtecken, Kreisen oder Wolken können Sie eine Idee grafisch auf den Punkt bringen.

Ablauf:

1. Zunächst geht es wieder darum, ein Thema zu definieren. Können Sie es in einer kleinen Skizze bildlich darstellen? Beginnen Sie in der Mitte des Blattes mit der Zeichnung Ihres Kernthemas.
2. Assoziieren Sie nun frei zu dieser Skizze. Versuchen Sie dabei von Anfang an in Bildern zu denken. Verbinden Sie Zusammengehörendes mit Linien oder schraffierten Feldern. Benutzen Sie Pfeile, Wolken, Rufzeichen und einfachste Strichmännlein zur grafischen Umsetzung Ihrer Ideen.
3. Wenn Sie ins Stocken kommen, beginnen Sie, die Skizzen bunt anzumalen. Das entspannt, lenkt die bewussten Denkprozesse vom Thema ab und gibt dem Unbewussten die Chance, Sie mit neuen Einfällen zu überraschen.
4. Ihr KaGa ist fertig, wenn Sie mit dem Ergebnis zufrieden sind und nichts mehr hinzuzufügen haben.

Sie können KaWa und KaGa jederzeit miteinander kombinieren, indem Sie ein KaWa mit Skizzen illustrieren oder ein KaGa mit wenigen erklärenden Stichwörtern ergänzen.

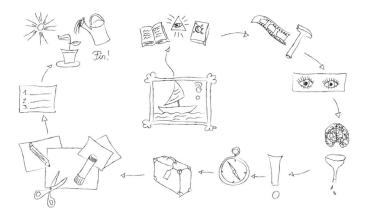

Hier sehen Sie ein KaGa, das ich als Schummelzettel für eines meiner Seminare erstellt habe.

Jetzt sagen wieder viele: *„Ich kann aber nicht zeichnen!"* und wollen diese Übung überspringen. Nichts da! Sie können zeichnen, wissen es vielleicht nur noch nicht. Aber wenn Sie des Schreibens mächtig sind, schaffen Sie auch eine einfache Skizze. Die besteht nämlich auch nur aus Linien. Genau wie Buchstaben. Und unserem Gehirn ist es egal, ob diese Linien Teil eines Buchstabens oder eines Bildes sind.

ÜBUNG

Für hartnäckige Zeichenmuffel hier eine kleine Vorübung:

1. Zeichnen Sie eine gerade Linie:

2. Zeichnen Sie eine Wellenlinie:

3. Zeichnen Sie eine Kreis:

4. Zeichnen Sie ein Dreieck:

5. Zeichnen Sie ein Viereck:

6. Kombinieren Sie Kreis und Dreieck zu einem einfachen Männlein:

7. Kombinieren Sie Dreieck und Viereck zu einem Haus:

Bravo! Sie können zeichnen!

ÜBUNG

Nun sind Sie fit für Ihr erstes KaGa

Mind-Mapping

Mit Mind-Maps können Sie Informationen nicht nur visualisieren, sondern auch die Beziehungen Ihrer Assoziationen zueinander und etwaige Hierarchien grafisch darstellen. Entwickelt wurde dieses Werkzeug in den 1970er-Jahren vom britischen Psychologen und Mentaltrainer Tony Buzan. Als Inspiration sollen ihm Form, Aufbau und Verbindung von Neuronen im Gehirn gedient haben.

Die Einsatzmöglichkeiten von Mind-Maps sind vielfältig. Sie können damit Projekte planen, Inhalte und Ideen strukturieren, Gesprächsprotokolle erstellen, Vorträge vorbereiten, sich Übersicht über ein Thema verschaffen oder einfach frei assoziieren. Auch zur Prüfungsvorbereitung ist diese Methode gut geeignet, da sich die übersichtliche visuelle Darstellung des Lernstoffes besonders gut einprägt.

Einsatz: zum Visualisieren und Strukturieren verschiedenster Inhalte

Benötigt: ein großes Blatt Papier und verschiedenfarbige Stifte

Dauer: je nach Komplexität des Themas 30 Minuten oder länger

Tipp: Sie können Ihre Mind-Maps nachträglich immer wieder verändern und Details hinzufügen.

Ablauf:

1. Beginnen Sie mit einem großen, unlinierten Blatt Papier im Querformat. Schreiben Sie in die Mitte des Blattes einen aussagekräftigen Begriff, der Ihr Thema ausdrückt. Wenn Sie möchten, können Sie noch eine Skizze dazu zeichnen oder Ihren Begriff einrahmen.

2. Sammeln Sie Schlüsselwörter zu Ihrem Thema, ordnen Sie diese um den zentralen Begriff herum an und verbinden Sie diese Wörter durch Linien mit dem Zentrum. Dies sind die Hauptäste Ihrer Mind-Map. Sie können unterschiedliche Farben für unterschiedliche Bereiche benutzen, die Begriffe einrahmen oder kleine Zeichnungen dazu anfertigen.

3. Von diesen Hauptästen gehen nun Unteräste weg, die weiteren Gedankenebenen entsprechen. Durch unterschiedliche Linienstärken können Sie diese und weitere Unterkategorien optisch unterscheiden.

4. Gestalten Sie Querverbindungen durch Linien oder Flächen, heben Sie wichtige Bereiche bunt hervor und benutzen Sie Farben zur Strukturierung. Grafische Elemente wie Rahmen, Unterstreichungen, Symbole oder Bilder helfen Ihnen dabei, sich später an die Inhalte zu erinnern.

5. Die Mind-Map ist fertig, wenn Sie damit zufrieden sind.

Vorteile	Nachteile
■ jederzeit anwendbar ■ wenig Aufwand ■ Vernetzung ■ Assoziationen ■ Übersichtlichkeit ■ visuelle Darstellung	■ kann bei komplexen Themen auch unübersichtlich werden ■ nachträgliche Änderungen manchmal aus Platzmangel schwierig ■ produziert keine neuen Ideen, sondern strukturiert bereits Vorhandenes

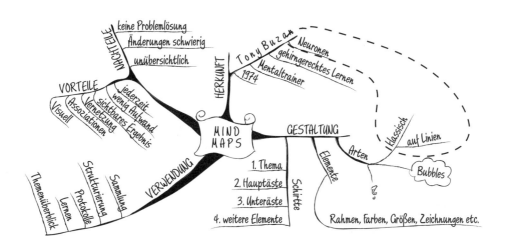

Klassische Mind-Map

In der klassischen Mind-Map werden die Hierarchien durch unterschiedliche Linienstärken und GROSS- bzw. Kleinschreibung dargestellt. Pro Linie wird jeweils ein Schlüsselbegriff verwendet, wobei die Linienlänge der Wortlänge entspricht. Ein Nachteil ist die unterschiedliche Textausrichtung, wodurch die Begriffe schlecht lesbar sind.

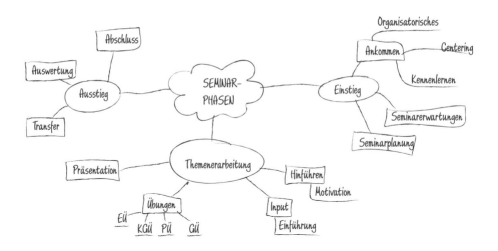

Mind-Map mit Blasen, Wolken und Rahmen

Bei dieser Variante stehen die Begriffe waagerecht in unterschiedlichen Blasen oder Wolken. Eine Rahmenform entspricht jeweils einer Hierarchie-Ebene.

Der Baum der Erkenntnisse

Im Frühjahr 2011 durfte ich die wissenschaftlichen Mitarbeiterinnen und Mitarbeiter eines Universitätsinstitutes als externe Trainerin bei ihrer zweitägigen Abteilungsklausur begleiten. Ziel der Klausur war es, die Forschungsprojekte der Abteilung zu strukturieren, Forschungsschwerpunkte herauszuarbeiten und eine klare Ausrichtung für die Zukunft zu finden.

Am ersten Tag führte ich die Gruppe in die Methode des Mind-Mappings ein und bat sie im Anschluss, eine Mind-Map zu den bestehenden Projekten zu erstellen. Das Team überraschte mich nach längerer Diskussion und Kleingruppenarbeit mit einem phantasievollen Baumdiagramm, bei dem auch der Erde, dem Grundwasser und sogar den Pilzen, die auf dem Waldboden wuchsen, Bedeutung zugewiesen wurde.

Das Poster, das im Anschluss weiter ausgearbeitet wurde, hängt noch immer in der Institutsbibliothek und wird laufend erweitert und ergänzt.

Baum der Erkenntnis

Im Grunde gestalten Sie Ihre Mind-Map nur für sich selbst. Daher können Sie auch selbst bestimmen, wie sie aussehen soll.

Sie können Mind-Maps auch am Computer erstellen. Nutzen Sie dazu eines der zahlreichen Programme, die im Internet zu finden sind. Eine einfache, kostenlose Anwendung ist zum Beispiel FreeMind.

ÜBUNG

Eine Ideen-Landkarte erstellen

Zeichnen Sie eine Ideen-Landkarte zu einem Thema, das Sie derzeit beschäftigt! Wo wohnen die Drachen?

Clustering

Anders als das Mind-Mapping, bei dem es vor allem um *Strukturierung* geht, ist die Cluster-Methode eine Technik zur reinen *Assoziationsförderung* und als solche eine Grundmethode des kreativen Schreibens. Entwickelt wurde sie von der amerikanischen Kunstpädagogin und Schreiblehrerin Gabriele L. Rico. Die Erstellung eines Clusters ähnelt in der Vorgehensweise dem Erstellen einer Mind-Map.

Einsatz:	zur Ideenfindung im sprachlichen Bereich, zum Beispiel für Werbetexterinnen, Journalisten oder Autorinnen, um Denk- und Schreibblockaden zu überwinden
Benötigt:	Stift und Papier
Dauer:	60 bis 90 Minuten
Tipp:	Probieren Sie die Methode auch als Selbstcoaching-Übung, um sich etwas von der Seele zu schreiben.

Ablauf:

1. Notieren Sie den Begriff, um den es geht, in der Mitte eines großen Bogens Papier und umrahmen Sie das Wort oder die Formulierung.
2. Notieren Sie nun spontan und ohne gedankliche Beschränkung alle Dinge, die Ihnen zu diesem Begriff einfallen. Dies können Wörter, Gedanken, Gefühle, Satzteile, Synonyme, Zitate oder auch Personen sein. Verbinden Sie diese Assoziationskette durch Linien und rahmen Sie die einzelnen Begriffe ein.
3. Wenn Ihr Ideenfluss ins Stocken gerät, kehren Sie zum Ausgangsbegriff zurück und beginnen Sie eine neue Ideenkette vom Zentrum aus.
4. Finden Sie Querverbindungen Ihrer einzelnen Ideenstränge und lassen Sie sich dadurch weiter inspirieren. Suchen Sie nach besonders dichten Assoziationsnetzen und benutzen Sie diese als Ausgangspunkt für Ihre Aufgabe.

Ziel dieser Technik ist es nicht, eine möglichst umfassende und strukturierte Sammlung von Ideen und Begriffen zu finden, sondern lediglich einen spontanen Schreibimpuls auszulösen, der dann zur Bewältigung der gestellten Aufgabe genutzt werden kann. Daher ist es besonders wichtig, die Ideen nicht zu zensurieren, sondern sie ganz frei fließen zu lassen. Niemand sieht Ihnen über die Schulter, also lassen Sie's laufen und überraschen Sie sich selbst! Am besten jetzt gleich auf der nächsten freien Seite.

ÜBUNG

Bilden Sie Cluster!

3. | Ideen durch Worte

„Die Sprache ist die Kleidung der Gedanken."
Samuel Johnson

„Worte schaffen Wirklichkeit", pflegte der Leiter meiner Coaching-Ausbildung zu betonen, wann immer unsere Sprache unpräzise oder negativ wurde. Tatsächlich steckt ein großer Zauber in Worten. Sie wecken Assoziation. Sie rufen Erinnerungen hervor. Sie können – zum Beispiel in einem Buch – ganze Welten vor unserem Auge entstehen lassen.

Probieren Sie es aus und denken Sie jetzt an das Wort *Baum*. Was passiert vor Ihrem geistigen Auge? Vielleicht sehen Sie einen oder mehrere Bäume, können die Bewegung der Blätter im Wind wahrnehmen oder die Farbe und Struktur der Rinde erkennen. Vielleicht riechen Sie den Wald, hören das Rascheln des Laubes und Vogelgezwitscher. Sie stellen sich vor, wie Ihre Hand den Stamm berührt. Ihre Finger wandern über die Borke und spüren die Unebenheiten und Risse in der Oberfläche.

All diese Eindrücke – und noch viele mehr – können in dem Wort *Baum* stecken. Dazu Ihre ganz persönlichen Erinnerungen an Waldspaziergänge, einsame Eichen, den Kletterbaum Ihrer Kindheit. Ein einzelnes Wort wird so zu einer Schatzkiste voll sinnlicher Informationen, kondensiert in vier einfache Buchstaben. Ist es nicht toll, wie Sprache unser Denken strukturiert?

Interessant ist in diesem Zusammenhang übrigens auch, dass die wenigsten Menschen sich an Ereignisse aus der Zeit vor ihrem Spracherwerb erinnern. Woran das wohl liegt?

Inhalt von Kapitel 3

In diesem Kapitel nutzen wir Worte und den mit ihnen verbundenen Schatz an Assoziationen und Eindrücken als Inspirationsquelle. Folgende Themen, Übungen und Werkzeuge werden Sie auf den nächsten Seiten kennenlernen:

Information

Prinzipien der Ideenfindung 65

Aufwärmübungen

Störe meine Kreise 67

Werkzeuge

Stadt-Land-Fluss-Idee 69
Semantische Intuition 72
Reizwortanalyse 75
Freie Texte 85

Ideen durch Worte · 65

Prinzipien der Ideenfindung: Im Prinzip immer das Gleiche

„Es bedarf schon eines sehr ungewöhnlichen Verstandes, um das Offensichtliche zu untersuchen."

Alfred North Whitehead

Die meisten Erfindungen basieren auf einem oder mehreren der folgenden sechs Prinzipien:

1. Kombinieren
2. Verkleinern oder Weglassen
3. Vergrößern oder Hinzufügen
4. Andere Verwendung
5. Ersetzen
6. Umkehr oder Perspektivenwechsel

Ich erkläre das immer gerne anhand der Entwicklung des Mobiltelefons.
Hier kam jedes Prinzip mindestens einmal zur Anwendung:

Prinzip	Stichwörter	Beispiel: Mobiltelefon
Kombinieren	▪ Kombination von Zusatzfunktionen ▪ Überschneidung mit Service ▪ Integration von Funktionalität ▪ Aus-zwei-mach-eins ▪ gemeinsame Verpackung	Moderne Handys sind nicht nur Telefon, sondern Computer, Digitalkamera, Mini-Fernseher und Spielkonsole in einem. Bald können sie auch Kaffee kochen.
Verkleinern oder Weglassen	▪ Änderung von Größe oder Maßstab ▪ Untertreibung ▪ Elemente entfernen, reduzieren, vereinfachen, teilen etc.	Wenn ich mich an mein erstes Mobiltelefon von der Größe eines Dinosaurierknochens erinnere, ist dieses Prinzip sehr konsequent umgesetzt worden. Bis die Geräte so klein waren, dass sie sich nicht mehr vernünftig in der Hand halten ließen. Dann kam die Kehrtwendung:
Vergrößern oder Hinzufügen	▪ Änderung von Größe und Maßstab ▪ Übertreibung ▪ Hinzufügen neuer Funktionen ▪ Zubehör ▪ Zusatznutzen	Nun wachsen die Geräte wieder. Die neuen Smartphones werben mit ihrem großen Display, Seniorenhandys mit der Tastengröße. Von den Zusatzfunktionen einmal ganz abgesehen …

Prinzip	Stichwörter	Beispiel: Mobiltelefon
Andere Verwendung	▪ weitere Verwendungen für das bestehende Produkt, ▪ für ein leicht abgeändertes Produkt, ▪ anderer Zusammenhang zur Nutzung, ▪ neuer Anwendungsbereich.	Von allen ungewöhnlichen Möglichkeiten, ein Mobiltelefon zu nutzen, möchte ich hier nur drei erwähnen: 1) die norwegische Tradition des Handyweitwurfs, 2) Vibrations-Rennen (ein großer Spaß im Büro) und 3) das Telefon als Nahkampfwaffe. Wie das geht, erkläre ich Ihnen gerne in einem meiner Seminare.
Ersetzen	▪ Komponenten ▪ Materialien ▪ Personen ▪ Regeln ▪ Prozesse ▪ Szenarien	Bei vielen Handys ersetzt das Display mittlerweile die Tastatur. Auch austauschbare Covers basieren auf diesem Prinzip.
Umkehr oder Perspektiven-wechsel	▪ das innere nach außen stülpen ▪ etwas auf den Kopf stellen ▪ entgegengesetzte Nutzung ▪ andere Perspektive einnehmen: Wie würde eine andre Person / ein Tier / ein Außerirdischer das sehen? Welche unkonventionelle Sichtweise gibt es zu dem Thema?	Bei diesem Punkt bitte ich meine Seminar-TeilnehmerInnen um Hilfe. Zum Glück besitzt mindestens eine Person immer ein modernes Smartphone, bei dem sich die Ausrichtung des Displays je nach Lage des Geräts verändert. Mein altes Telefon ist technisch nicht so ausgereift.

Denken Sie an eine kreative Erfindung, die Sie beeindruckt hat. Welches Prinzip könnte da – bewusst oder unbewusst – zur Anwendung gekommen sein? Je öfter Sie darauf achten, welches Prinzip hinter einer Produktentwicklung steht, desto leichter wird es Ihnen fallen, diese einfachen Regeln selbst anzuwenden.

Das erste Prinzip werden Sie im Verlauf dieses Kapitels gleich anwenden. Es steht nicht ohne Grund an erster Stelle: Für mich ist Kombinieren das wichtigste aller kreativen Werkzeuge. Zunächst aber eine kleine Aufwärmübung, um Ihr Gehirn wieder in den Kreativ-Modus zu bringen.

Ideen durch Worte · 67

Störe meine Kreise

Ich möchte Ihnen an dieser Stelle eine Methode vorstellen, die ich gerne benutze, um meinen Gedanken zwischendurch eine neue Richtung zu geben und meine Vorstellungskraft in Schwung zu bringen. Egal ob am Schreibtisch, in der U-Bahn, im Wartezimmer, im Kaffeehaus oder auf einer Parkbank: Diese Übung geht praktisch immer.

Einsatz:	zur Auflockerung zwischendurch
Benötigt:	ein Stift und das Formular auf der nächsten Seite
	Sie können den Übungsbogen für den späteren Gebrauch unter ↗ http://www.junfermann.de herunterladen und selbst ausdrucken.
Dauer:	5 bis 10 Minuten
Tipp:	Versuchen Sie die Übung auch mit anderen Formen wie zum Beispiel Quadraten oder Dreiecken!

Ablauf:

1. Wie viele unterschiedliche Dinge können Sie mit den Kreisen auf der nächsten Seite zeichnen? Verwandeln Sie sie in möglichst viele Gegenstände, die als wesentliches Formelement einen Kreis haben. Beispielsweise Bälle, Sonnen oder Blumen.
2. Wenn Ihnen die Ideen ausgehen, versuchen Sie *out-of-the-box* (oder in diesem Fall *out-of-the-circle*) zu denken und ein paar wirklich originelle Skizzen zu zeichnen. Dabei können Sie auch zwei oder mehrere Kreise zu einer Einheit zusammenfassen, um damit beispielsweise ein Fahrrad darzustellen.
3. Hören Sie nicht auf, ehe Sie das ganze Blatt gefüllt haben!

68 · Brainstorming for One

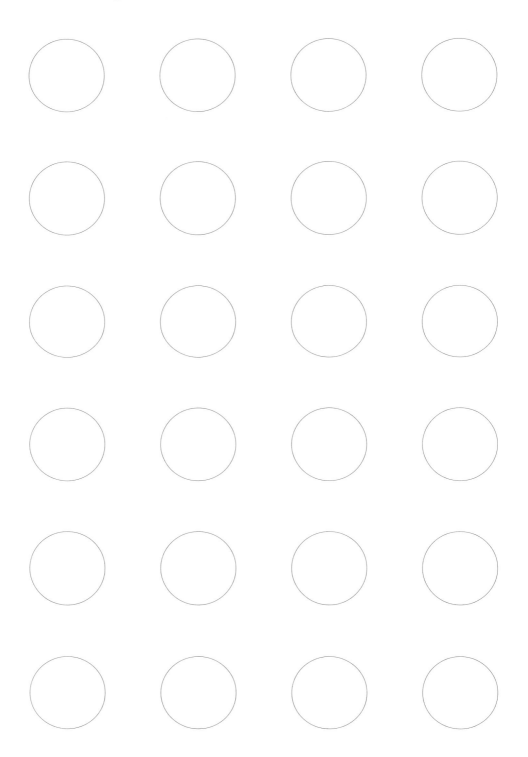

Stadt-Land-Fluss-Idee

Dieses Werkzeug basiert auf dem alten *Pen-and-Paper*-Spiel *Stadt-Land-Fluss*, das Sie vermutlich noch aus Ihrer Kindheit kennen. Statt Städten, Ländern, Flüssen, Pflanzen, Tieren etc. wird in dieser Variante allerdings nach für die Problemlösung relevanten Begriffen gesucht. Die Aufgabenstellung sollte dafür komplex genug sein, sodass Sie mindestens drei bis sechs Unterprobleme oder Bestandteile definieren können. Die Idee zu dieser Methode habe ich aus Giso Weyands Buch *Sog-Marketing für Coachs*.

Einsatz:	zur ersten Ideensammlung und Vertiefung eines Problems, vor allem bei komplexen Aufgabenstellungen
Benötigt:	Stift und Zettel oder das Formular auf Seite 71
	Das Formular steht auf ↗ http://www.junfermann.de zum Download bereit.
Dauer:	15 bis 30 Minuten
Tipp:	Anfangs geht es manchmal etwas zäh. Aber je öfter Sie mit dieser Technik arbeiten, desto besser läuft es.

Ablauf:

1. Definieren Sie die Zielsetzung und finden Sie drei bis sechs Unterprobleme oder Bestandteile, zu denen Sie Ideen finden möchten. Schreiben Sie die gefundenen Kategorien in die oberste Zeile des Formulars.
2. Ermitteln Sie einen Zufallsbuchstaben für die erste Runde. Sie können dafür den Buchstaben-Bogen auf der nächsten Seite verwenden oder eine beliebige Seite eines Buches. Schließen Sie die Augen und tippen Sie mit dem Finger oder einem Stift blind auf die Seite. Wenn Sie ein Scrabble-Spiel besitzen, ziehen Sie Ihren Buchstaben aus dem Scrabble-Säckchen. Schreiben Sie den Buchstaben in die linke Spalte des Formulars.
3. Nun suchen Sie zu jeder von Ihnen definierten Kategorie einen Begriff oder Namen, der mit Ihrem Zufallsbuchstaben beginnt. Dabei geht es vor allem um Tempo, nicht um Genauigkeit und Originalität. Stoppen Sie Ihre Rundenzeiten mit!
4. Sobald Sie die erste Zeile vollgeschrieben haben, ermitteln Sie den nächsten Buchstaben und machen mit diesem weiter.
5. Spielen Sie mindestens 15 bis 20 Runden und analysieren Sie nach einer kurzen Pause Ihr Ergebnis. Schaffen Sie Querverbindungen zwischen Zeilen und Spalten und kombinieren Sie Ihre Einträge zu neuen Ideen.

70 · Brainstorming for One

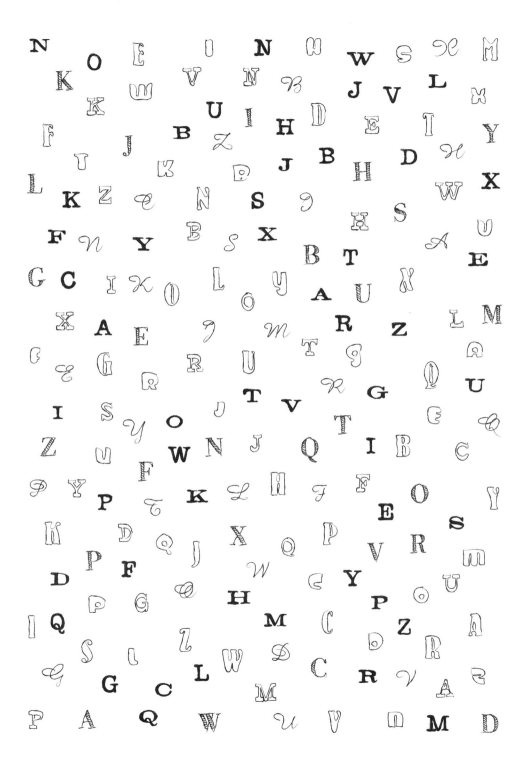

ÜBUNG

Spielen Sie mit!

Thema: _____   Datum: _____

Semantische Intuition

Denken Sie bitte kurz an einen *Elefanten*. Sofort wird in Ihrem Geist das Bild eines grauen Dickhäuters entstehen. Und nun denken Sie an ein Zebra. Und schon trabt es vor Ihr geistiges Auge und sieht Sie treuherzig an. Klar, denken Sie. Ich habe schon viele Elefanten und Zebras gesehen, im Zoo oder im Fernsehen. Vielleicht hatten Sie sogar schon Gelegenheit, die Tiere in freier Wildbahn zu beobachten. Es ist einfach, bekannte Dinge vor unserem geistigen Auge entstehen zu lassen. Nun wird es spannend: Ich fordere Sie auf, die zwei Bilder miteinander zu verbinden und an einen *Zebra-Elefanten* oder ein *Elefanten-Zebra* zu denken. Was macht Ihr Unbewusstes mit dieser Aufforderung? Vielleicht sehen Sie jetzt einen Elefanten mit der für Zebras typischen Streifenfärbung. Oder ein besonders großes, dickes Zebra mit langem Rüssel. Oder etwas ganz anderes. Irgendetwas sehen Sie aber ziemlich sicher. Oder Sie hören, fühlen oder riechen es.

Wann immer wir einen bestimmten Begriff hören oder lesen, egal ob real oder erfunden, machen wir uns automatisch eine bildhafte Vorstellung davon. Dies gilt vor allem dann, wenn wir zumindest einen Teil des Wortes kennen. Dieses Prinzip macht sich die *semantische Intuition* zunutze. Wir verbinden zunächst nicht zusammengehörende Wörter zu einem neuen Begriff und lassen uns durch diese Neubildungen inspirieren.

Einsatz:	um aus gewohnten Denkmustern auszubrechen; zur Entwicklung neuer Produkte und visionärer Ideen
Benötigt:	ein Stift, viele kleine Zettel oder Karteikarten und ein größeres Blatt Papier
Dauer:	30 bis 90 Minuten
Tipp:	Macht auch mit Kindern viel Spaß!

Ablauf:

1. Zunächst müssen Sie wieder ein Thema definieren, zu dem Sie Ideen suchen möchten. Notieren Sie dieses als Stichwort oder in einem ganzen Satz. Legen Sie das Blatt beiseite.
2. Sammeln Sie nun auf kleinen Zetteln oder Karteikarten alle Begriffe, Ideen, Gedanken und Assoziationen, die Ihnen zu dem Thema einfallen. Pro Kärtchen sollte nur ein Wort notiert sein. Fahren Sie damit so lange fort, bis Sie einen ansehnlichen Stapel haben. Sollte Ihr Ideenfluss ins Stocken geraten, machen Sie kurz Pause oder überbrücken Sie die Flaute mit einem *Schrottwort* (siehe *Tempo 30* auf Seite 34).

3. Wenn Sie genügend Wörter gesammelt haben, beginnen Sie diese nach dem Zufallsprinzip neu zu kombinieren. Ziehen Sie dazu jeweils zwei Kärtchen aus dem Stapel, verbinden Sie die Begriffe und lassen Sie sich durch das Ergebnis inspirieren. Dabei können Sie sich auch von der ursprünglichen Bedeutung Ihrer Ausgangswörter entfernen. Freie Assoziationen sind möglich und erwünscht. Oft stoßen Sie dabei auf Begriffspaare, die Sie sonst nie in einem Atemzug genannt hätten.
4. Analysieren Sie die neu gefundenen Begriffe: Was könnte das sein? Ist die Reihenfolge der beiden Begriffe wichtig? Können daraus neue Ideen abgeleitet werden? Welche Möglichkeiten ergeben sich dadurch?
5. Schreiben Sie alle neuen Ideen auf und benutzen Sie diese zur weiteren Inspiration. Machen Sie so lange weiter, bis Sie mit Ihrer Ausbeute zufrieden sind.
6. Im Anschluss können Sie Ihre Ideen ordnen und strukturieren, zum Beispiel indem Sie die kleinen Zettel auf einen großen Bogen Packpapier kleben oder eine Mind-Map anfertigen.
7. Bewerten Sie die gefundenen Ideen erst zu einem späteren Zeitpunkt. Wählen Sie interessante, umsetzbare Ansätze aus und planen Sie konkrete Schritte.
8. Setzen Sie die Ideen um!

Beispiel

Die ungewohnte Zusammenstellung von Begriffen führt fast immer zu unvorhergesehenen und unerwarteten Ergebnissen. So hat eine meiner Seminar-Teilnehmerinnen innerhalb kürzester Zeit mit dieser Methode eine komplette Schmucklinie kreiert und skizziert. Die Gruppe war begeistert, und in der Pause gab es bereits Vorbestellungen.

Sollten Sie gerade keine Zettelchen oder Karteikarten zur Hand haben, können Sie diese Methode auch mithilfe der folgenden kurzen Übung ausprobieren: Im unten stehenden Kasten finden Sie zwei Spalten mit jeweils sechs Begriffen. Schließen Sie die Augen und wählen Sie zwei Zahlen zwischen eins und sechs. Wenn Sie einen Würfel dabeihaben (ich habe immer einen in der Handtasche), würfeln Sie zweimal. Öffnen Sie die Augen und sehen Sie nach, welche Begriffe in den zwei Spalten Ihren Zahlen entsprechen.

1. Zebra	1. Schlamm
2. Pinguin	2. Hut
3. Affe	3. Badewanne
4. Elefant	4. Rutsche
5. Katze	5. Schal
6. Pudel	6. Luftmatratze

Kombinieren Sie jeweils einen Begriff aus der linken und rechten Spalte zu etwas Neuem.

Beispiel

Neulich sollte ich die Begriffe *Bulldogge* und *Cowboystiefel* zu einer Illustration kombinieren. Bevor ich den Zeichenstift zur Hand nahm, notierte ich folgende Ideen:

- Bulldogge hat Cowboystiefel an.
- Bulldogge sitzt in Cowboystiefel.
- Cowboy hat Bulldogge auf dem Schoß.
- Man sieht nur die Cowboystiefel und den Hund (an der Leine).
- Die Bulldogge markiert in oder an einen Cowboystiefel.
- Der Hund wird mit einem Stiefel geschlagen.
- Eine Bulldogge beißt den Cowboy ins (bestiefelte) Bein.

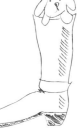

ÜBUNG

Wie sieht Ihre Kombination aus?

Schreiben oder zeichnen Sie Ihre Lösung hier auf:

Reizwortanalyse

Im klassischen Brainstorming sollen die einzelnen Teilnehmer sich gegenseitig durch ihre Wortmeldungen inspirieren. Die *Reizwortanalyse* ersetzt den kreativen Input der Gruppe durch willkürlich gewählte Zufallsbegriffe. Zu diesen werden dann Assoziationen gebildet und auf die Aufgabenstellung übertragen. Im englischsprachigen Raum wird die Methode *Force Fit* genannt, was man frei mit *Erzwungenes Zusammenpassen* übersetzen könnte. Oder, gemäß dem alten Handwerkermotto: *„Was nicht passt, wird passend gemacht.“*

Einsatz: zur Produktentwicklung und -verbesserung sowie zur Suche nach Produktnamen; außerdem zur Ideenfindung in Werbung und Medien, als Inspirationsquelle für Vorträge und Fachartikel und generell für alle schriftstellerischen Aufgabenstellungen.

Benötigt: Papier, Stifte, Zufallswörter und eventuell ein Würfel

Dauer: 30 bis 60 Minuten

Tipp: Der britische Kreativitätsguru Edward de Bono widmet dieser Technik ein ganzes Buch. In *How to Have Creative Ideas* stellt er 62 Übungen vor, die auf dieser Methode beruhen.

Ablauf:

1. Definieren Sie zunächst die Aufgabenstellung für Ihre kreative Sitzung.
2. Ermitteln Sie drei bis fünf Zufallswörter:
   - Sie können dafür blind mit dem Finger auf ein beliebiges Wort im Lexikon tippen. Es sollte sich dabei um ein Substantiv handeln, anderenfalls wählen Sie einfach den darauf folgenden Begriff.
   - Noch besser ist es, eine der Reizwortlisten auf den Seiten 79 bis 84 zu benutzen. Diese Listen enthalten eigens für diese Übung ausgesuchte Begriffe, die besonders geeignet sind, interessante Assoziationen auszulösen. Idealerweise benutzen Sie zur Auswahl der Wörter einen Würfel:
     1. Würfeln Sie einmal, um eine der sechs Reizwortlisten zu bestimmen.
     2. Der zweite Wurf ermittelt die Spalte, aus der das Wort erwürfelt werden soll.
     3. Mit dem dritten Wurf definieren Sie das Sechser-Kästchen und
     4. mit dem vierten Wurf schlussendlich Ihr Zufallswort innerhalb dieses Kästchens.

3. Analysieren Sie die so gefundenen Begriffe spontan oder systematisch und suchen Sie alle wesentlichen Merkmale, die Ihnen in den Sinn kommen. Zum Beispiel:
   - Welche Eigenschaften hat der Gegenstand / Begriff?
   - Wie funktioniert er?
   - Woraus besteht er?
   - Wozu wird er benutzt?
   - In welchen Variationen gibt es ihn?
   - Welchen Prinzipien oder Gesetzen folgt er?
   - Hat er vielleicht auch eine symbolische Bedeutung?
   - Womit wird er meist in Verbindung gebracht?
   - Welche Gefühle löst er aus?
4. Wählen Sie nun einen Begriff aus, mit dem Sie weiter arbeiten möchten. Am besten jenen, zu dem Sie die meisten Assoziationen gefunden haben.
5. Was hat der Begriff mit Ihrer Aufgabenstellung zu tun?
   Versuchen Sie in diesem Schritt, alle gesammelten Merkmale und Charakteristika auf die ursprüngliche Frage zu übertragen. Je größer die Anzahl Ihrer Ideen ist, desto besser sind die Chancen, dass etwas Verwendbares dabei ist.
6. Analysieren Sie die gefundenen Zusammenhänge auf Anwendbarkeit und Umsetzungsmöglichkeiten.
7. Planen Sie erste Schritte zur Umsetzung.

Wenn Sie Gefallen an dieser Methode finden und sie gerne öfter einsetzen möchten, empfehle ich Ihnen, Ihre eigene Zufallswort-Sammlung anzulegen. Sammeln Sie – zum Beispiel mit der Übung *Tempo 30* von Seite 34 – unterschiedliche Begriffe und schreiben Sie diese auf kleine Karteikarten. Sobald Sie etwa 100 Karten haben, können Sie beginnen, mit dem eigenen Kartendeck zu arbeiten. Ziehen Sie willkürlich drei bis fünf Karten aus Ihrem Stapel und verwenden Sie die gezogenen Wörter als Basis für Ihre Ideenfindung. Die Sammlung können Sie jederzeit erweitern, um noch mehr spannende Überraschungen zu erleben. Der Vorteil: So ein Kartenstapel passt in jede Handtasche und ist somit jederzeit griffbereit.

Auch die Reizwortlisten auf den Seiten 79 bis 84 können Sie immer bei sich führen. Schneiden Sie sie dafür einfach an den gestrichelten Linien aus oder laden Sie sich die Vorlagen auf ↗ http://www.junfermann.de herunter.

Kreativität sollte vor allem Spaß machen! Die Übungen in diesem Buch müssen nicht immer auf ernsthafte Aufgabenstellungen angewandt werden. Zur Abwechslung lade ich Sie ein, mithilfe der Reizwortanalyse den Rahmen für einen Roman oder eine Erzählung zu er-*finden*.

Ideen durch Worte · 77

ÜBUNG

Einen Roman verfassen

1. Verwenden Sie eine Methode Ihrer Wahl, um ein Zufallswort zu finden, und notieren Sie dieses Wort hier: _____

   Dieser erste Begriff steht für das das generelle Setting Ihrer Erzählung.

   Wo spielt sie? Zu welcher Zeit? Unter welchen Bedingungen? Worum geht es in der Geschichte? Beschreiben Sie das Setting, bevor Sie mit dieser Übung fortfahren:

2. Ihr zweites Wort ist ein Hinweis auf die unterschiedlichen Personen, die in der Haupt-handlung Ihrer Erzählung vorkommen. Das Wort lautet: _____

   Beschreiben Sie die Hauptdarsteller Ihrer Geschichte:

3. Das dritte Wort steht für die Handlung an sich. Es lautet: _____

   Skizzieren Sie die Handlung der Geschichte:

4. Das vierte Wort verrät Ihnen das Ende Ihres Romans: _____

   Wie geht die Geschichte aus?

Mein Zufallsroman: Der Wunderwald der Kinder

1. Mein erstes Zufallswort ist: BEERE
   Ich assoziiere damit Wald, süße Himbeeren und Brombeeren, Sommerzeit und Kindheit. Eine idyllische Landschaft, der Duft von Tannennadeln, Kräutern und Pilzen. Ferienzeit. Ich spüre die Sonne auf meiner Haut und höre das trockene Knacken der Äste unter meinen Füßen.

2. Mein zweites Zufallswort: FUNDAMENT
   Sofort sehe ich den geldgierigen, skrupellosen Besitzer einer Baufirma vor mir. Dazu einen bestechlichen Bürgermeister. In den Nebenrollen: Baggerfahrer, Kranführer und Bauarbeiter. Sie wollen das Fundament für ein Einkaufszentrum oder einen Gewerbepark legen. Ihre Gegenspieler könnten die Kinder aus dem Nachbardorf sein, die in dem Wald gerne Beeren sammeln und Abenteuer erleben.

3. Nun zum dritten Wort: NEBEL
   Der Sommer geht vorbei, der Konflikt spitzt sich zu. Im Herbst soll die Baugenehmigung erteilt werden. Da besinnen sich die Kinder einer alten Sage aus der Gegend, laut der Gespenster, Trolle, Waldhexen und andere Fabelgestalten im Wald ihr Unwesen treiben sollen. Im Schutze des herbstlichen Nebels beginnen sie, im Wald zu spuken, um die Baufirma zu vertreiben.

4. Der Schluss: FREIZEIT
   Der Baumeister findet Gefallen an dem Sagenstoff und Einfallsreichtum der Kinder und beschließt, statt des Shopping-Zentrums einen Freizeit- und Erlebnispark zu errichten, in dem die Besucher im Dickicht des Waldes unterschiedlichen Fabelwesen begegnen können. Als Berater und Mitarbeiter engagiert er die Kinder des Dorfes. Die Landschaft wird nur sehr achtsam umgestaltet, der Großteil der Wildnis bleibt erhalten. Die Dorfkinder haben freien Eintritt zu der Anlage.

Auf ähnliche Weise habe ich neulich das Outline für ein Musical über die Rockband *Pussy Riot* verfasst. Ich denke noch darüber nach, an wen ich die Rechte an dieser Idee verkaufen könnte.

Reizwortliste 1

	1	2	3	4	5	6
1	Bremsen Fallschirm Straßenschild Lächeln Wolke Zahn	Hai Brunnen Bombe Zunge Ohren Radio	Schnecke Seife Bad Trophäe Rennen Energie	Insel Zahnstocher Bakterien Kopfschmerzen Ebene Fenster	Handy Werbung Bar Lenkrad Rollstuhl Krankenhaus	Manieren Drohung Beleidigung U-Boot Strauß Giraffe
2	Abstimmung Eimer Sprung Zeitung Frosch Meer	Messer Suppe Eiscreme Telefon Ruf Anwalt	Zehen Massage Füllfederhalter Fahne Sardine Sauce	Tennis Ball Fell Rauch Brillen Whisky	Pille Hebamme Magazin Pin-up Ratte Kaffee	Universität Apotheke Nacken Kuss Elefant Theater
3	Eis Pferd Prüfung Roboter Fernsehen Tasse	Brücke Taucher Stab Zucker Maus Floh	Brief Computer Begräbnis Parade Band Trommel	Jazz Oper Kerzenständer Geist Kirche Heiliger	Rasse Leiter Krieg Curry Pilz Make-up	Soldat Hochhaus Zug Lift Trauben Magen
4	Gras Schlange Tanzsaal Schlüssel Bleistift Hof	König Teppich Trompete Lampe Kabel Hammer	Barriere Picknick Bier Bettler Krücke Bart	Tischler Säge Schraubenzieher Sand Vulkan Strand	Zoo Ecke Würfel Glücksspiel Weihnachten Ferien	Ausschlag Trapez Gesetz Scherz Mücke Feuerwerk
5	Buch Gefängnis Tanz Essen Geschäft Turm	Tür Dach Treppen Garten Sessel Zirkus	Headline Sack Kartoffel Gänseblümchen Zigarette Lippenstift	Bikini Baby Mond Wein Brot Haar	Kaugummi Glocke Tisch Kaffeehaus Fasching Kreuzfahrt	Schatten Schmerz Lachen Sarg Schaum Welle
6	Blatt Bild Rose Kaktus Wüste Fisch	Clown Politiker Schreibtisch Bestechung Polizist Statue	Nase Schuhe Kordel Gefangener Dusche Salz	Käse Katze Dinosaurier Känguru Feuer Wind	Schokolade Hochzeit Schnarchen Vogel Golf Gabel	Boxen Krone Schule Wörterbuch Bank Fächer

Reizwortliste 2

	1	2	3	4	5	6
1	Geldbörse Wurst Adler Leine Ei Auster	Huhn Schreibmaschine Decke Schwimmbecken Teekanne Pfeffer	Tourist Matrose Schraube Pantoffel Jacht Nadel	Chor Reifen Halm Schlamm Klippe Mole	Laster Skateboard Truthahn Palatschinken Radar Plastik	Streich Ketchup Konzert Schlange Zettel Birne
2	Pilot Ziegel Feuerwehrmann Ingenieur Kran Haken	Butter Zahnarzt Marmor Maske Schaukel Börse	Internet Sieb Ampel Sterne Kette Pfeil	Rauchfang Küche Brett Biene Journalist Skorpion	Schalter Umfrage Nabel Engel Pfosten Bischof	Schildkröte Laser Vorhang Ticket Bus Patrone
3	Faulpelz Pfanne Halskette Perle Löffel Teller	Bahn Lied Wippe Thermometer Schere Kachel	Profit Hoffnung Steuern Fußball Rauch Teer	Tunnel Perücke Sandalen Schnurrbart Stirnrunzeln Polster	Magier Lollipop Vase Kamm Rasierer Teleskop	Aufruhr Familie Firma Bande Sprungbrett Zwerg
4	Puppe Rechner Karte Hand Ofen Schiedsrichter	Jacke Gürtel Knopf Zipp Serviette Flasche	Drachen Schließfach Tinte Stadion Karussell Klavier	Tintenfisch Theke Richter Report Papagei Grab	Planet Spaghetti Schinken Pilz Samen Kamel	Gelenk Hose Kriegsschiff Taube General Spion
5	Leichtathletik Lager Kneipe Heizung Bild Kuvert	Fluss Lachs Etikette CD Mikrofon Rückgrat	Medaille Chips Frost Banane Wahl Epidemie	Geburtstag Applaus Tagebuch Regal Mikroskop Fee	Tank Strickzeug Parfum Moos Gitarre Roulette	Kiesel Netzwerk Tyrann Donner Sturm Heuhaufen
6	Kredit Wal Zecke Markt Hamburger Poster	Vanillesauce Kristall Baumwolle Pfeife Nüsse Aspirin	Esel Wagen Schwert Segelflieger Krawatte Sporthalle	Riese Stierkampf Satellit Gerücht Stoff Kohle	Schubkarre Vogelscheuche Honig Cornflakes Senf Dock	Sattel Schwanz Spinne Pyramide Bibliothek Spielzeug

Reizwortliste 3

	1	2	3	4	5	6
1	Kürbis Achterbahn Kindermädchen Kuh Milkshake Strategie	Saxofon Zebra Abzeichen Lizenz Selbstmord Kanone	Moslem Traktor Marienkäfer Kirsche Nonne Eid	Tölpel Krapfen Bucht Seetang Meerjungfrau Krabbe	Keramik Schrimps Ruder Segel Riemen Mast	Kupfer Leder Keller Zahnbürste Stuhl Drucker
2	Pension Briefkasten Steppe Nudeln Pudding Leidenschaft	Stiefel Uniform Kapitän Ziel Abendkleid Orange	Heftklammer Zimmerdecke Lagerfeuer Kasten Regenschirm Zelt	Kakerlake Stempelkissen Haut Schuppen Schnäppchen Dachboden	Droge Kellner Düse Gartenschlauch Fass Hahn	Cocktail Wagon Entführung Loch Coach Dachluke
3	Wandteppich Sofa Direktor Fax Bote Konferenz	Verkauf Papiertüte Röntgen Falle Krankenschwester Medizin	Kerze Ordner Video Schach Knopf Nachrichten	Konsument Garderobe Sparkasse Laden Stiftung Formel	Garantie Marke Adresse Fahrrad Preis Bonus	Minze Münze Hosentasche Schuhband Stachel Matte
4	Station Raum Tasche Puder Stern Komet	Kopierer Film Sprecher Anführer Koch Alarm	Topf Werbung Rollo Scheinwerfer Schuhlöffel Parlament	Italien Indien Ägypten China USA Russland	Geige Guillotine Dia Brosche Büroklammer Nagel	Tal Kohl Gurke Melone Distel Tornado
5	Gänge Frühling Wasserfall Wald Tiger Affe	Vanille Garnele Taschentuch Schnupfen Fieber Husten	Ablage Sonnenuntergang Ring Komitee Angebot Aluminium	Wolle Gefahr Angst Kreditkarte Scheck Mode	Deckel Ordnung Frachtstück Beförderung Handschuhe Augenbraue	Foto Klettverschluss Karotte Schaufenster Ausschuss Bildschirm
6	Zündholz Tor Unentschieden Menge Karamell Abfall	Box Wäsche Grad Fleck Öl Kanne	Bündel Software Komödie Tragödie Gischt Eisen	Portier Anhänger Gepäck Handel Fähre BH	Vorhängeschloss Pfeffer Balkon Matratze Schrei Zeichen	Parkuhr Boje Salat Presse Socken Schnalle

Reizwortliste 4

	1	2	3	4	5	6
1	Apfelkuchen Rosen Dachrinne Psychiater Fleischhauer Brei	Prüfung Test Muskeln Ausdauer Köder Spatz	Zwinger Großmarkt Friedhof Gondel Taktstock Dirigent	Gift Tonic Beruhigungsmittel Koffein Champagner Vitamine	Abstimmung Klettern Gipfel Rucksack Spitze Wohnwagen	Einkaufswagen Einkaufszentrum Einkaufen Rast Motel Service
2	Häuschen Hufeisen Motte Generator Lunte Mofa	Stecker Becken Segelschiff Rahmen Toast Tafel	Orchester Hymne Predigt Gedicht Bohnen Spinat	Titel Tanz Genie Betrug Copyright Komponist	Boxhandschuhe Spiegel Fernbedienung Futter Schwimmen Schießen	Indianer Cowboy Lasso Texas Höhle Alge
3	Rettung Antenne Kompass Galerie Palast Kühlschrank	Hochsprung Neonlicht Kennzahl Alphabet Thermostat Lockenwickler	Kapital Armut Hilfe Rettung Rätsel Rhythmus	Klasse Zertifikat Erdnuss Locken Mantel Keule	Greis Prophet Dieb Sieger Stolz Fall	Kampf Frieden Beleidigung Rache Flucht Angriff
4	Pyjama Dichtung Korb Limonade Union Bank	Straßenbahn Dünger Bushaltestelle Laufsteg Metalldetektor Nagellack	Nest Nacht Windel Norden Netz Nil	Neuigkeiten Planung Training Landkarte Wetter Regen	Raumschiff Bilanzaufstellung Gerede Tratsch Tatsache Vorurteil	Balken Graben Gerüst Fundament Beton Architekt
5	Asyl Kätzchen Thron Planierraupe Bergarbeiter Blumenhändler	Lexikon Speisekarte Ravioli Schwungrad Verstärker Album	Maschine Monster Maulbeere Milbe Mann Unordnung	Schnee Nebel Blase Sonnenbrand Sommersprossen Sonnenbrille	Lärm Stille Ruhe Gerechtigkeit Scheidung Eifersucht	Park Brunnen Ausgang Gitter Kletterpflanze Befruchtung
6	Schaukelstuhl Brieftasche Hemd Rock Zange Chamäleon	Sänger Krüppel Rang Auszeichnung Seil Klebeband	Stein System Silo Gesundheit Form Shorts	Buchhalter Flamenco Wald Wiese Bach Stein	Wurm Torf Blumentopf Stechpalme Efeu Falke	Hustensaft Abführmittel Schal Strümpfe Spazierstock Klopapier

Reizwortliste 5

Ideen durch Worte · 83

	1	2	3	4	5	6
1	Sau Souvenir Spaten Rippe Funke Schraubschlüssel	Knöchel Angel Schüssel Boutique Verbeugung Kipferl	Einband Gelage Zaum Baustein Schimpanse Glocke	Hauptwort Roman Neuling Veranda Park Party	Flotte Finanz Fleisch Mönch Gehrock Großmutter	Krise Dekoration Kampf Künstler Latz Lanze
2	Quadrat Belegschaft Bühne Grund Quittung Lesung	Anwesen Aufsatz Flucht Kräuter Vorbote Ketzer	Kult Kubus Ärmel Ente Doktor Erde	Ast Stapel Kuchen Säule Nadel Pickel	Atem Bestie Brise Busch Mutter Großvater	Krebs Gauner Kollege Kolonie Krönung Krone
3	Schoß Saft Gerümpel Judo Fabrik Messe	Rangliste Feuerzeug Leuchtturm Nabel Zahl Kindergarten	Dynamo Biegung Ego Smaragd Ohnmacht Märchen	Vertrag Korn Leichnam Krippe Dirne Mut	Zitrone Käfer Heuschrecke Herr Ring Mittagessen	Überschrift Risiko Mikrobe Spieler Morgen Moral
4	Abend Übel Lehre Falle Umhang Nelke	Glaube Finger Schlitten Glühbirne Gans Granit	Heil Feiertag Speck Laib Hochbett Mieter	Comic Feldherr Farbe Brösel Schrei Kruste	Rundholz Stöckelschuhe Pavian Tadel Hütte Schottenstoff	Platte Planet Salon Spucke Gehalt Ausverkauf
5	Geschirr Mantel Ton Textilien Diagramm Fett	Absolvent Jagd Idiot Ikone Hotel Verletzung	Geizhals Fehler Modell Koppel Block Pfau	Eingang Enzym Irrtum Aufzug Exil Laune	Blase Zwischenspiel Musik Pause Blondine Bibel	Aufnahme Ansturm Star Wanderer Mast Qual
6	Bingo Aroma Arsen Ameise Altar Grafik	Erfindung Freude Kind Limit Lümmel Verrückter	Beute Mine Königin Steppdecke Rezept Ergebnis	Schwindel Schuld Fahrpreis Bauernhof Vater Fest	Meißel Liebhaber Olive Kraft Kritik Wert	Reise Weg Stoßzahn Aufgabe Holz Wort

Reizwortliste 6

	1	2	3	4	5	6
1	Pflicht Abend Jeans Figur Finne Ordner	Himmel Unterschrift Regenmantel Priester Paranoia Protest	Chef Auftraggeber Profit Retter Würstel Politiker	Paradies Panther Gebäck Gegend Parasit Pfarre	Antiquität Appetit Ski Schreck Bogen Schild	Harfe Echse Präsident E-Mail Heißluft Stroh
2	Spiel Galaxis Galgen Knoblauch Henkel Jury	Einstieg Immigrant Ingwer Gas Gewalt Flirt	Chirurg Vorrat Oberfläche Rinne Termiten Flug	Sprechzimmer Eltern Volksabstimmung Reform Rentier Rundung	Aquarium Arm Waffe Waffel Asche WC	Locke Haltestelle Pflaster Verband Zwiebel Unfall
3	Niere Strand Beule Nachricht Gedächtnis Leistung	Reich Autodrom Kreuz Apfelwein Kapelle Blut	Gefangener Lösegeld Pferdestärke Krankenhaus Stunde Horn	Güte Abhilfe Cousin Religion Republik Forschung	Beere Eisberg Larve Wette Rechnung Dose	Hilfe Not Zusammenstoß Shampoo Lack Tragbahre
4	Walzer T-Shirt Sommer Sauna Rebell Pirat	Bandit Probe Spielplatz Schmetterling Raupe Korken	Kugel Parkstreifen Rasen Blei Leine Linse	Entwicklung Sex Seekrankheit Sitz Suche Sekunde	Wunder Bus Gemüse Vers Tierarzt Tugend	Poker Automat Friseur Essig Wäscheklammer Graffiti
5	Pass Mythos Schaf Schauspieler Meile Bahnhof	Nutzen Blasebalg Möwe Delfin Getränk Führer	Freizeit Sohle Fassung Legende Hobby Fahrspur	Abteilung Schwamm Schluck Schnaps Tattoo Torte	Witwe Weisheit Hexe Wolf Sorge Arbeit	Zunge Creme Flut Ebbe Tsunami Anker
6	Räucherfisch Kiosk Gelenk Witz Hygiene Handtasche	Geständnis Flöte Maß Olympia Traube Erbse	Baumstamm Mühle Absicht Gedanke Seele Minute	Träne Taxi Lehrer Tee Teddy Fahrschein	Teufel Narbe Muschel Skandal Halstuch Zeitplan	Gebiss Rhinozeros Belohnung Strafe Anfang Ende

Freie Texte

Die Basis dieses Werkzeugs ist eine vom französischen Dorfschullehrer Célestin Freinet entwickelte Unterrichtsmethode, bei der Bilder und Satzanfänge den kreativen Impuls für Schüleraufsätze geben. Wir können die so entstehenden Texte als Inspirationsquelle nutzen, um zu neuen Lösungsansätzen zu kommen.

Einsatz: für komplexe, abstrakte Aufgabenstellungen

Benötigt: Papier, Stift, Bilder und Satzanfänge

Einige Bild-Satz-Kombinationen finden Sie auf ↗ http://www.junfermann.de zum Downloaden.

Dauer: 30 bis 60 Minuten

Tipp: Legen Sie eine Sammlung von Bild-Satz-Kombinationen an, indem Sie Fotos aus Zeitungen und Zeitschriften ausschneiden oder eigene Urlaubsfotos ausdrucken. In Leerlaufphasen, wie zum Beispiel in der Werbepause während eines Films, notieren Sie spontane Sätze oder Satzanfänge zu den einzelnen Bildern zur späteren Verwendung.

Ablauf:

1. Definieren Sie Ihr Ziel möglichst ausführlich und genau. Schreiben Sie alles auf und legen Sie das Blatt danach zur Seite. Wenn es Ihnen möglich ist, verbannen Sie alle Gedanken an das Thema vorübergehend aus Ihrem Bewusstsein. Keine Sorge, im Unbewussten bleibt es abgespeichert und zur Not haben Sie ja noch die schriftliche Zieldefinition zur Hand.
2. Wählen Sie aus Ihrer eigenen Bild-Satzanfang-Sammlung oder dem Zusatzmaterial auf unserer Homepage ein Blatt aus, das Sie gerade besonders anspricht. Wenn Sie gleich beginnen wollen, benutzen Sie das Beispiel auf der nächsten Seite.
3. Vervollständigen Sie den Satzanfang und schreiben Sie im Anschluss die Geschichte zu Ende. Nutzen Sie das Bild als Einstiegshilfe und kreativen Schreibimpuls und füllen Sie mindestens eine halbe A5-Seite mit Ihrer Story.
4. Machen Sie eine Pause.
5. Nehmen Sie danach die Geschichte und Ihre Zieldefinition aus Punkt 1 zur Hand und überlegen Sie, welche Lösungen in Ihrem Text verborgen sind. Welche Themen lassen sich auf das Problem übertragen? Welche Analogien können Sie herstellen?
6. Notieren Sie konkrete Lösungsansätze und planen Sie deren Umsetzung.

ÜBUNG

Das andere Ufer

Am anderen Ufer wartete K. Sie zögerte kurz, dann ...

_____

_____

_____

_____

Die Vorlagen zu diesem Werkzeug finden Sie zum Download auf ↗ http://www.junfermann.de.

4. | Ideen durch Bilder

„Es gibt den Maler, der aus der Sonne einen gelben Fleck macht, aber es gibt auch den, der mit Überlegung und Geschick aus einem gelben Fleck eine Sonne macht."

Pablo Picasso

Bilder können meist schneller und besser erfasst werden als das geschriebene Wort. Diesen Umstand nutzen Leitsysteme an Flughäfen und Bahnhöfen, Verkehrsschilder, Hinweistafeln und nicht zuletzt die Werbung mit ihren Logos und bunten Anzeigen.

Sprachliches und bildliches Denken koexistieren in unserem Gehirn und ergänzen einander. Es gibt keinen Grund zu der Annahme, dass das eine dem anderen überlegen sei. Trotzdem verlassen wir uns oft nur auf die verbalen Anteile unseres Denkens. In diesem Kapitel werden Sie lernen, aus dieser gewohnten Denkbahn auszubrechen und in grafischen Mustern zu denken. Zuvor werfen wir noch einen kurzen Blick in Ihr Gehirn und sehen uns an, wo Sprachliches und wo Bildliches verarbeitet wird.

Inhalt von Kapitel 4

Machen Sie sich ein Bild von den Informationen, Übungen und Werkzeugen, die Sie in diesem Kapitel erwarten:

Information

Balken im Gehirn statt Brett vorm Kopf. Das Hemisphärenmodell 89

Aufwärmübungen

Punkt, Linie, Fläche 91

Werkzeuge

Die Marsmenschen sind gelandet 93
Das Geschenk der Mumie 95
Bildersprache 97
Ideencollage 101
Reizbildanalyse 104

„Hic sunt dracones", moderne Version, australisches Verkehrsschild

Balken im Gehirn statt Brett vorm Kopf.
Das Hemisphärenmodell

„Ihr habt es gut, ihr habt ja zwei Gehirnhälften."
Männlicher Gast meines Stammcafés zu einer Damenrunde an der Bar

Wie Zwillinge erscheinen unsere Gehirnhälften auf den ersten Blick. Doch jedes Kind weiß heute schon, dass linke und rechte Hemisphäre unterschiedliche Aufgaben erfüllen. Das *Hemisphärenmodell* erklärt auf populärwissenschaftlichem Niveau, was Neurowissenschaftler seit mehr als 100 Jahren untersuchen: die *funktionelle zerebrale Asymmetrie* oder *Lateralisation* (von lat. *latus = Seite*) des Gehirns.

Einiges an diesem Modell gilt heute zwar als überholt, aber als Metapher lässt es sich noch gut benutzen. Wenn Sie selbst vom Fach sind, blättern Sie bitte weiter. Hier gibt es nichts Neues für Sie. Für all jene, die ihre Linke nicht von der Rechten unterscheiden können, hier eine kurze Zusammenfassung der Grundannahmen des Hemisphärenmodells:

Die beiden Hälften unseres Gehirns sind unterschiedlich spezialisiert. Die *linke Hemisphäre* verarbeitet vor allem rationale, logisch-analytische, lineare und zeitliche Prozesse, während die *rechte Hälfte* für alle musisch-kreativen, bildhaften, emotionalen, intuitiven und körperorientierten Inhalte verantwortlich ist.

Linke Hemisphäre:		**Rechte Hemisphäre:**
▪ analytisch		▪ synthetisch
▪ verbal		▪ non-verbal
▪ sequenziell		▪ visuell
▪ zeitlich		▪ gleichzeitig
▪ digital		▪ räumlich
▪ logisch		▪ analog
▪ rational		▪ intuitiv
▪ deduktiv		▪ ganzheitlich

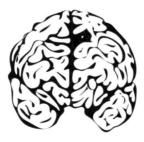

Allerdings reden wir lediglich von *Schwerpunkten* und *Präferenzen* in die eine oder andere Richtung. Rechte und linke Hirnhälfte arbeiten stets Hand in Hand und ergänzen einander.

Stark asymmetrisch denken wir bei der Sprachverarbeitung. Hier ist die Dominanz der linken Hemisphäre bei rund 95 % der Rechtshänder und bei 70 % der Linkshänder nachzuweisen. Allerdings haben neuere Arbeiten gezeigt, dass auch die rechte Hirnhälfte nennenswerten Anteil daran hat. Wir denken nie ausschließlich links oder rechts.

Der *Grad der Lateralisation,* das heißt das Ausmaß der Spezialisierung, ist bei Männern und Frauen unterschiedlich ausgeprägt. Das weibliche Gehirn ist funktionell symmetrischer organisiert als das männliche, wobei hier auch die Zyklusphase eine Rolle spielt. So bewältigen Männer sprachliche und räumliche Aufgaben stärker mit der jeweils darauf spezialisierten Hirnhälfte, während Frauen vor allem nach dem Eisprung beide Hemisphären zu etwa gleichen Teilen einsetzen.

Das hat Vor- und Nachteile. Bei ausgeprägter Asymmetrie wirken benachbarte Hirnareale stärker zusammen, was zu rascherer Verarbeitung führen sollte. Bei einem symmetrisch organisierten Denkorgan kann die eine Hälfte ein potenzielles Manko der anderen teilweise ausgleichen, wodurch die Fehleranfälligkeit geringer wird.

Beide Großhirnhälften werden durch einen dicken Nervenstrang, das *Corpus Callosum,* auch *Balken* genannt, miteinander verbunden. Er dient dem Informationsaustausch und damit der Koordination zwischen den beiden Hemisphären. Durchtrennt man diese Verbindung, weiß die Linke buchstäblich nicht, was die Rechte tut.

Für kreative Ideen sollten wir natürlich beide Hälften gleichermaßen nutzen. Neben körperlichen Übungen, die die Verbindung der Hemisphären stärken, wie etwa Jonglieren, kann die Verwendung von Bildern dabei helfen, die sonst oft unterrepräsentierte rechte Hirnhälfte stärker in den Prozess einzubinden.

Nutzen Sie also den Balken im Gehirn als Mittel gegen das Brett vorm Kopf!

Punkt, Linie, Fläche

Jede einfache Zeichnung besteht im Prinzip aus den einfachen Grundformen *Punkt, Linie* und *Fläche*. In dieser Übung ergänzen Sie vorgegebene Elemente durch eigene Punkte, Linien und Flächen zu etwas Neuem. So bringen Sie Ihre visuelle Vorstellungskraft in Schwung und stimmen sich auf die Arbeit mit bildlichen Assoziationen ein.

Einsatz:	zur Auflockerung und als Aufwärmübung
Benötigt:	Stift und den Übungsbogen auf der nächsten Seite
	Den Übungsbogen können Sie bei Bedarf unter ↗ http://www.junfermann.de herunterladen.
Dauer:	5 bis 10 Minuten
Tipp:	Auch Leonardo da Vinci ließ sich von vorgegebenen Strukturen inspirieren. Aus den Rissen einer Mauer, verschiedenen Steinen oder fleckigem Putz entstanden vor seinen Augen fremde Landschaften, sonderbare Figuren und Gesichter und sogar ganze Schlachten.

Ablauf:

1. Auf der nächsten Seite finden Sie zwölf Kästchen mit vorgegebenen Linien. Ergänzen Sie diese Fragmente durch eigene Linien zu konkreten Objekten oder Szenen. Lassen Sie Ihrer Vorstellungskraft dabei freien Lauf. Sie können dazu die Seite auch drehen oder auf den Kopf stellen.
2. Versuchen Sie, möglichst viele außergewöhnliche Lösungen zu finden. Es gibt kein *Richtig* oder *Falsch* bei dieser Übung, allenfalls ein *Interessant* oder *Uninteressant*.

Genauso, wie wir in unbelebten Objekten Gesichter wahrzunehmen meinen, den Mann im Mond zu sehen glauben oder unterschiedliche Szenen in vorbeiziehenden Wolken, so können auch einzelne Linien uns bereits ganze Gegenstände erkennen lassen. Dies liegt vor allem daran, dass unser Gehirn perfekt darin geschult ist, Muster zu erkennen. Diese Fähigkeit ist einerseits genial und hat unser Überleben gesichert, da wir so den Säbelzahntiger früh entdeckt haben und ihm entkommen sind. Andererseits kann sie unsere Kreativität auch einschränken, wie wir in Kapitel 6 *Ver-rückte Ideen* noch sehen werden.

92 · Brainstorming for One

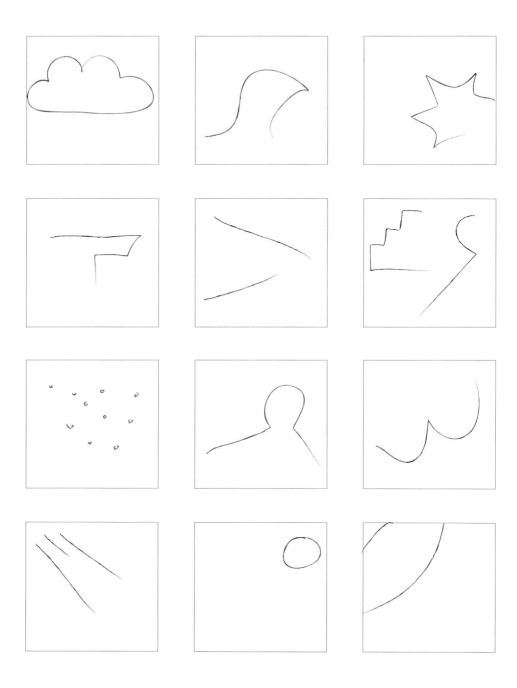

Die Marsmenschen sind gelandet

Ich schreibe diese Zeilen wenige Tage nach der erfolgreichen Landung der Mars-Sonde Curiosity auf dem roten Planeten. Bis Sie das Buch in Händen halten, haben wir vermutlich viele neue Informationen über unseren Nachbarplaneten erhalten. Wer weiß, vielleicht konnte sogar schon der Beweis erbracht werden, dass es Leben auf dem Mars gibt? Für diese Übung ist der wissenschaftliche Nachweis aber nicht so wichtig. Wir tun einfach so als ob.

Einsatz:	als Einstieg in ein Problem oder zur konkreten Ideenfindung
Benötigt:	Papier und Stifte
Dauer:	15 Minuten
Tipp:	Noch mehr Spaß macht es, wenn Sie mit einem Partner arbeiten, der in die Rolle der Außerirdischen schlüpft und Ihre Frage beantwortet.

Ablauf:

1. Stellen Sie sich vor, eine Delegation von Marsmenschen ist soeben vor Ihrer Haustür oder auf dem Parkplatz Ihres Unternehmens gelandet. Sie begrüßen die Besucher und bitten sie herein. Die Außerirdischen verstehen keinerlei irdische Sprachen. Nur mittels einfacher grafischer Symbole können Sie mit ihnen kommunizieren. Die Marsmenschen sind neugierig und wollen wissen, was Sie gerade beschäftigt.
2. Entwickeln Sie eine kurze Rede aus grafischen Symbolen, um die Marsianer willkommen zu heißen und Ihr Unternehmen oder Ihre Familie vorzustellen. Stellen Sie dabei ein konkretes Problem dar, auf das Sie gerade Antworten suchen.
3. Die Aliens wollen darüber nachdenken und nehmen Ihr Problem in ihr Raumschiff mit. Versetzen Sie sich in die Rolle der Besucher und überlegen Sie, welche Lösungsideen Sie als Marsmensch finden. Skizzieren Sie unter Ihrer Problembeschreibung die Lösung in Marsmenschen-Symbolik.
4. Was könnten die Außerirdischen damit meinen? Welche Ratschläge wollen sie Ihnen geben? Kehren Sie in Ihre menschliche Form zurück und analysieren Sie die Antwort. Überlegen Sie, was Sie von Ihren Gästen lernen könnten.

ÜBUNG

Wie sieht Ihre Rede an die Marsmenschen aus?

Thema: _____ Datum: _____

Falls Sie immer noch glauben, nicht zeichnen zu können, wiederholen Sie die Übungen auf Seite 54.

Das Geschenk der Mumie

Besonders bildlich dürften wohl die alten Ägypter gedacht haben, immerhin bestand ihre Schrift aus lauter kleinen Zeichnungen. Auch unsere eigenen lateinischen Schriftzeichen entwickelten sich aus einer – wenngleich stark stilisierten – Bilderschrift.

Sie müssen kein Ägyptologe sein, um dieses Werkzeug anzuwenden. Im Gegenteil, es wäre eher hinderlich. Wir wollen uns von den rätselhaften Zeichen zu Lösungsideen inspirieren lassen, ohne die wahre Bedeutung des Textes zu verstehen.

Einsatz: für viele kreative Aufgaben, besonders bei abstrakten Themenstellungen; nicht geeignet für Produktentwicklung oder -verbesserung

Benötigt: Stift, Papier, Hieroglyphen auf Seite 96 oder aus einer anderen Quelle

Dauer: je nach Aufgabenstellung 15 bis 30 Minuten

Tipp: Sie können einzelne Zeilen auch vorab auf Vorrat übersetzen und diese Texte für die spätere Ideenfindung benutzen.

Ablauf:

1. Definieren Sie die Aufgabenstellung und schreiben Sie diese als Überschrift an den oberen Rand eines großen Zettels.
2. Wählen Sie eine Zeile aus dem Hieroglyphentext auf der nächsten Seite.
3. Konzentrieren Sie sich auf die Fragestellung. Schließen Sie kurz die Augen und denken Sie über die Aufgabe nach.
4. Dann öffnen Sie die Augen wieder und übersetzen Sie die gewählte Textstelle. Stellen Sie sich dabei vor, diese Zeichen seien nur geschrieben worden, um Ihnen zu helfen Ihr konkretes Problem zu lösen. Sie bergen den Schlüssel zu Ihrem Erfolg.
   Assoziieren Sie beim Übersetzen frei. Folgende Fragen können Ihnen dabei helfen:
   - Was ist das?
   - Warum wurde es hier verwendet?
   - Was könnte es heißen?
   - Was bedeutet es, dass dieses Symbol so oft oder so selten vorkommt?
   - Welches Symbol erinnert am meisten an mein Problem?
   - Welches Symbol könnte für die Lösung stehen?
5. Schreiben Sie Ihre Interpretationen und Assoziationen auf. Vielleicht finden Sie bereits beim Übersetzen eine gute Idee, die Sie gleich umsetzen möchten?
6. Wenn nicht, heben Sie den Zettel auf und lesen Sie den Text zu einem späteren Zeitpunkt noch einmal.

Zum ersten Mal begegnete ich dieser Technik im überaus empfehlenswerten Buch *Thinkertoys* von Michael Michalko. Der Autor verwendet darin – angeblich – Seiten aus dem ägyptischen Totenbuch. Ich bin leider nicht in der Lage, das zu überprüfen und besitze auch nicht die Rechte an dem Text. Daher habe ich meine eigene Hieroglyphen-Nachricht für Sie verfasst.

Bildersprache

Nun sollten Sie schon etwas Übung im Zeichnen einfacher Skizzen und Symbole haben. Bei der folgenden Methode ersetzen wir Worte durch kleine abstrakte oder konkrete Zeichnungen und lassen uns dann von den Bildern inspirieren, ohne über die Begriffe selbst nachzudenken. Die Marsmenschen hätten ihre Freude daran! Die flexible, intuitive Natur der Bildersprache lässt uns neue Verbindungen zwischen den einzelnen Elementen einer Aufgabe sehen – im wahrsten Sinne des Wortes.

Einsatz:	um eine neue Sichtweise auf ein Problem zu finden, neue Zusammenhänge zu erkennen und eingefahrene Denkwege zu verlassen
Benötigt:	Karteikarten und Stifte
Dauer:	30 bis 60 Minuten
Tipp:	Es kommt nicht darauf an, für andere erkennbare Zeichnungen anzufertigen. Diese kleinen Bildchen sind nur für Sie selbst da, also haben Sie keine Scheu beim Kritzeln!

Ablauf:

1. Definieren Sie die Aufgabenstellung und schreiben Sie diese in einem Satz auf.
2. Bestimmen Sie verschiedene Aspekte oder Teile des Problems.
3. Finden Sie typische Eigenschaften oder Attribute, die Sie mit diesen Aspekten verbinden, und fertigen Sie auf den Karteikarten kleine Skizzen davon an. Verwenden Sie für jede Skizze eine eigene Karte und schreiben Sie den entsprechenden Begriff auf die Rückseite. Wenn Sie möchten, können Sie unterschiedliche Farben für die verschiedenen Problembereiche verwenden.
4. Legen Sie nun alle Karten mit der Bildseite nach oben auf den Tisch. Mischen und gruppieren Sie die Karten nach Lust und Laune, bis Ihnen das Ergebnis gefällt und Sie das Gefühl haben, dadurch neue Ideen zu gewinnen. Sie können die Bilder dabei auch auf den Kopf stellen oder nach Belieben drehen. Bilden Sie Muster aus den gezeichneten Symbolen, ohne an deren ursprüngliche Bedeutung zu denken. Welche Geschichten erzählen die Karten?
5. Versuchen Sie nun, die Muster, Geschichten und Ideen mit der Aufgabenstellung zu verbinden. Welche Assoziationen lösen sie bei Ihnen aus? Notieren Sie die besten Karten-Kombinationen. Sie können Ihre Ergebnisse auch fotografieren und später mit den Fotos weiterarbeiten.
6. Spielen Sie weiter, bis Sie nicht nur auf eine Handvoll guter, sondern auf ein paar wirklich *außergewöhnliche* Ideen gekommen sind. Wenn nichts mehr geht, machen Sie eine kurze Pause. Sie können auch neue Skizzen hinzufügen oder gar ein frisches Kartenset gestalten.

Reduce, reuse, recycle

Angenommen, Sie planen ein großes Musikfestival. Sie fragen sich, wie Sie die Berge an leeren Getränkedosen, -flaschen und -bechern, die bei derartigen Veranstaltungen anfallen, am besten unter Kontrolle bringen und nach der Veranstaltung recyceln können. Ihr Problemsatz könne lauten:

„Wie gehe ich mit dem Problem der leeren Getränke-Gebinde auf dem Festivalgelände um?"

Aspekte des Problems sind die Gebinde selbst, das Sammeln des Leerguts, die Lagerung, der Transport und die Weiterverarbeitung. Meine Skizzen sehen so aus:

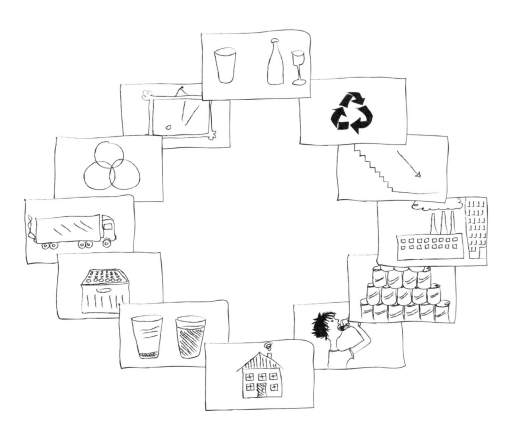

Ideen durch Bilder · 99

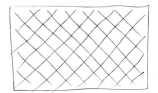  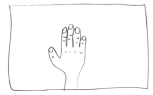

Diese Kombination brachte mich auf die Idee eines *Sammelalbums*: Für jedes zurückgebrachte Leergebinde bekommen die Festivalgäste einen Sticker, den Sie in das Album kleben können. Ein spielerischer Anreiz, beim Einsammeln mitzuhelfen.

  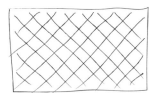

Warum nicht auch den Abtransport auf alle Besucherinnen und Besucher aufteilen? An den Ausgängen stehen Kisten mit Leergut (vorsortiert nach Aluminium, Plastik, Glas etc.), auf die die Adressen der unterschiedlichen Sammelstellen aufgedruckt sind. Für jede ordnungsgemäß abgegebene Kiste erhält man einen Stempel in einen Sammelpass. Nach fünf oder zehn abgegebenen Kisten hat man ein kleines Geschenk verdient.

Jeder bekommt nur einen Becher! Das Problem des Mülls könnte vermieden werden, wenn auf dem Gelände nur offene Getränke ausgeschenkt würden. Jeder Besucher bekommt anstelle des sonst üblichen Armbands einen extra für diese Veranstaltung entworfenen Becher – vielleicht an einem Halsband –, der gleichzeitig als Festivalpass dient.

100 · Brainstorming for One

ÜBUNG

Wie können Sie den Müll auf dem Festivalgelände vermeiden? Gestalten Sie Ihr eigenes Skizzen-Set und halten Sie die besten Ideen hier fest:

Ursprünglich wurde diese Methode vom Architektenteam Christopher Alexander, Sara Ishikawa und Murray Silverstein entwickelt, um neue Gestaltungsideen für ihre Häuser zu finden.

Ideencollage

> „When you cut into the present, the future leaks out."
> Brion Gysin

In vielen Kommunikations- und Designberufen werden *Moodboards* (von englisch *mood = Stimmung* und *board = Tafel*) eingesetzt, um Gestaltungsideen, Stimmungen und Designlinien zu entwickeln, zu präsentieren und zu verkaufen. Damit werden Inhalte, die verbal nur umständlich oder ungenau ausgedrückt werden können, schnell erfassbar dargestellt. Ein klassisches *Moodboard* besteht aus einem großen Kartonbogen, auf den Fotos, Skizzen, Materialen, Stoffmuster, Farbkarten und kurze Texte collageartig angebracht sind.

Beispiele finden sich im Modedesign, wo anhand eines oder mehrerer Moodboards die nächste Kollektion geplant wird, im Industriedesign zur Präsentation einer Produktlinie, im Grafik- und Webdesign zur Illustration des *Look-and-Feel* einer Kampagne, beim Film zur Darstellung eines Szenenbildes oder Filmdesigns oder in der Innenarchitektur, wo Materialen, Farben und Formen erfahrbar gemacht werden.

Auch als Nicht-Designer können Sie Collagen zur Ideensammlung, Inspiration und Fokussierung auf ein Thema verwenden.

Einsatz: für kommunikative oder abstrakte Fragestellung; zur Produkt- und Designentwicklung; als Ziel- oder Visionscollage

Benötigt: Kartonbogen, Zeitungen und Zeitschriften, Schere, Leim oder Klebestift

Dauer: 60 bis 90 Minuten

Tipp: Basteln Sie eine Kreativitäts-Collage mit allen Dingen, Orten und Gedanken, die Ihnen beim kreativen Schaffen helfen, und hängen Sie sie über Ihren Arbeitsplatz.

Ablauf:

1. Definieren Sie das Thema oder Ziel dieser Ideensammlung.
2. Blättern Sie durch die Zeitungen und Zeitschriften und schneiden Sie alle Bilder und Textbruchstücke aus, die zu Ihrem Thema passen oder die Sie einfach ansprechen. Suchen Sie vor allem nach Bildern, die der Ideallösung der Aufgabe – egal wie realistisch sie Ihnen erscheinen mag – entsprechen. Lassen Sie sich dabei Zeit und geben Sie sich nicht mit weniger als 20 oder 30 solcher Ausschnitte zufrieden.

3. Fügen Sie nun einige oder alle Ihrer Elemente auf dem Karton zu einem ansprechenden Ganzen zusammen. Versuchen Sie dabei die optimale Lösung darzustellen und nicht das Problem an sich. Gestalten Sie diese Lösung so abstrakt oder konkret, wie Sie möchten.

   Häufig haben meine Seminar-Teilnehmer in dieser Phase anfangs eine Kreativ-Blockade. Der leere, weiße Karton liegt bedrohlich vor ihnen, daneben all die Zeitungsschnipsel, die sie ausgeschnitten haben, und irgendwie gelingt es ihnen nicht, das erste Stück Papier auf den Karton zu kleben. Ich empfehle dann oft, eine größere farbige Fläche als Hintergrund anzubringen, die der Collage später Räumlichkeit verleiht. Ist dieser erste Schritt getan, finden sich die anderen Bestandteile wie von selbst zusammen.

4. Welche Lösungsansätze finden Sie in der Collage? Welche Ideen wecken die Bilder und Texte? Vielleicht kommen Sie beim Sammeln, Ausschneiden und Kleben der bunten Bilder in eine leichte Trance oder in Flow, wie Mihaly Csikszentmihalyi diesen Zustand in seinem gleichnamigen Buch benennt. In diesem Zustand ist es besonders leicht, unbewusste Inhalte ins Bewusstsein dringen zu lassen und der inneren Stimme zu lauschen. Was flüstert sie Ihnen zu?
5. Wenn Sie zu diesem Zeitpunkt schon die richtige Idee für Ihre Aufgabe gefunden haben, planen Sie die ersten Umsetzungsschritte und machen Sie sich ans Werk.
6. Wenn nicht, dann hängen Sie Ihre Collage gut sichtbar auf – am besten an einem Ort, wo Sie sie mehrmals täglich sehen können – und warten Sie ab. Früher oder später werden Sie die Lösung darin erkennen.

ÜBUNG

Gestalten Sie auf dieser Seite eine kleine Ideencollage zum Thema „Mein idealer Arbeitstag"!

Reizbildanalyse

Diese Methode wird in der Literatur auch häufig Visuelle Synektik oder Bisoziation genannt. Ich verwende den Begriff Reizbildanalyse, da er für mich am verständlichsten beschreibt, worum es dabei geht: eine Reizwortanalyse (siehe Seite 75), die statt mit Wörtern mit Bildern arbeitet. Das hat einen großen Vorteil: Bilder regen andere Regionen des Gehirns an als Wörter. Da wir dabei auch Wortassoziationen mit den Bildern verbinden, benutzen wir somit einen größeren Bereich unseres Gehirns, was zu größerer Ideenfülle führt.

Entwickelt wurde dieses Denkwerkzeug vom Battelle-Institut, weshalb auch manchmal der Name Battelle-Bildmappen-Brainwriting (BBB-Methode) verwendet wird.

Einsatz:	fördert Phantasie und Spontaneität, zwingt zum Verlassen vorhandener Denkschablonen und hilft so, besonders unkonventionelle Lösungsansätze zu finden
Benötigt:	Stift, Papier und mehrere Bilder aus Zeitschriften, Katalogen oder Ansichtskarten
	Auf Seite 105 finden Sie einige Fotos aus meiner persönlichen Bilder-Mappe. Sie können diese Bilder auch als PDF-Datei herunterladen und in Farbe ausdrucken: ↗ http://www.junfermann.de
Dauer:	60 bis 90 Minuten
Tipp:	Die besten Ideen entstehen, wenn Sie alle Hürden im eigenen Kopf überwinden und sich wirklich intensiv auf diese Methode einlassen. Nur so können Sie es schaffen, Verbindungen zwischen scheinbar unabhängigen Beziehungsfeldern herzustellen.

Ablauf:

1. Zunächst benötigen Sie eine große Sammlung an Bildern. Um gleich mitmachen zu können benutzen Sie fürs Erste die Bilder auf Seite 105. Beginnen Sie parallel dazu jedoch gleich damit, eigene Bilder zu sammeln.
Was genau auf den Bildern dargestellt ist, ist nebensächlich. Sie können berühmte Persönlichkeiten, alte Kunstwerke, Bauten, Maschinen, Pflanzen, Tiere oder Haushaltsgegenstände zeigen. Je bunter die Mischung ist, desto spannender wird es.
2. Definieren Sie die Aufgabenstellung und schreiben Sie sie als Überschrift auf Ihr Arbeitsblatt.
3. Wählen Sie drei Bilder aus Ihrer Sammlung, die möglichst wenig mit dem Problem zu tun haben.
4. Interpretieren Sie nun nacheinander jedes der drei Bilder und notieren Sie alle Assoziationen, Gefühle, Phantasien und Einfälle dazu.

5. Übertragen Sie die gefundenen Begriffe auf das zu lösende Problem.
   - Passt der Begriff zur Aufgabe?
   - Kann er bei der Lösung helfen?
   - Was fällt Ihnen spontan dazu ein?

   Lassen Sie Ihren Assoziationen freien Lauf und suchen Sie nach Roh-Ideen für Ihre Aufgabe. Bleiben Sie so lange wie möglich bei einem Begriff und schöpfen Sie alle Assoziationen aus. Erst wenn der Ideenfluss versiegt, wird der nächste Begriff aus der Liste hergenommen, um ihn erneut als Ideenquelle zu nutzen.
6. Wählen Sie eine oder mehrere der gefundenen Ideen aus und planen Sie die Umsetzung.

Der Begriff *Synektik* (von griechisch *synechein = etwas miteinander in Verbindung bringen, verknüpfen*) ist eine Sammelbezeichnung für alle Kreativitätstechniken, die auf *Analogiebildung* beruhen (siehe Kapitel 5 ab Seite 107). Er wurde von William Gordon geprägt und in seinem Buch *Synectics: The development of creative capacity* erstmals veröffentlicht.

Die *Visuelle Synektik* (Reizbildanalyse) ist eine Variante der klassischen Synektik, die als Ergänzung zu dieser vom Battelle-Institut in Amerika entwickelt wurde. Beim *Battelle-Bildmappen-Brainwriting (BBB-Methode)* bildet eine Bildmappe die Grundlage für ein schriftliches Brainstorming (= Brainwriting).

Bisoziation bezeichnet ebenfalls die Verknüpfung von Begriffen, Bildern oder Vorstellungen aus unterschiedlichen Bereichen. Der Ausdruck wurde vom österreichisch-ungarischen Autor Arthur Koestler in Anlehnung an das Wort *Assoziation* geprägt. Während Assoziationen gedankliche Verknüpfungen auf einer Ebene herstellen, verknüpft die Bisoziation Begriffe auf einander üblicherweise nicht zugeordneten Ebenen.

All diesen Techniken gemeinsam ist das Durchbrechen geistiger Routinen durch *Analogiebildung* und Verknüpfung unterschiedlicher Ideen. Mehr zu diesem Thema finden Sie im nächsten Kapitel.

106 · Brainstorming for One

5. | Analog-Ideen

„Eine gute Analogie zu finden ist wie Brot backen."
Autor unbekannt

Eine Analogie ist die sinngemäße Übertragung eines Themas auf ein anderes, mit dem Ziel, dieses zu erhellen, zu strukturieren und zu bewerten. Sie schafft einen Zusammenhang, wo vorher keiner war, und unterstreicht die Ähnlichkeiten im Unterschiedlichen. So können bekannte Informationen aus einem Sachzusammenhang zur Veranschaulichung eines anderen Zusammenhanges genutzt werden. Was dieser Prozess mit der Herstellung von Backwaren zu tun hat, kann ich spontan nicht erklären, aber ich arbeite daran. Vielleicht wollen Sie mir helfen?

Wenn Sie dieses Kapitel durchgearbeitet haben, sind Sie Meister im Finden und Verwenden von Analogien aller Art. Nutzen Sie dabei die *zehn Schlüssel zur Ideenfindung,* die ich Ihnen am Anfang dieses Kapitels vorstelle.

Inhalt von Kapitel 5

Alle Informationen, Übungen und Werkzeuge dieses Kapitels finden Sie hier noch einmal übersichtlich auf*geschlüsselt*:

Information

Zehn Schlüssel zur Ideenfindung 109

Aufwärmübungen

Erfinden Sie Ihr eigenes Sternbild 112

Werkzeuge

Freie Analogien 116
Direkte Analogie 118
Persönliche Analogien 121
Bionik 123
Was wäre wenn ...? 127

Zehn Schlüssel zur Ideenfindung ... mit denen Sie das Tor in Ihr Ideenreich noch leichter öffnen

„Intelligente Fehler zu machen ist eine große Kunst."

Federico Fellini

Die zehn Schlüssel:

1. Mut und Selbstbewusstsein
2. Neugier und Spieltrieb
3. Humor und Lachen
4. Bewegung und frische Luft
5. Vertrauen und Sicherheit
6. Raum und Zeit
7. Reife und Lebenserfahrung
8. Allgemeinbildung und Fachwissen
9. Erholung und Schlaf
10. Rasche Entscheidung und Umsetzung

1. **Mut und Selbstbewusstsein.** Sie sind kreativ und wissen es. Dies ist die wichtigste Voraussetzung für die erfolgreiche Ideenfindung. Haben Sie daher keine Angst vor der zu bewältigenden Aufgabe! Betrachten Sie Fehler und Misserfolge als Teil der Entwicklung und Steigbügel für neue Ideen. Und wenn Sie eine geniale Lösung gefunden haben, verteidigen Sie diese mutig gegen Angriffe von innen und außen.

2. **Neugier und Spieltrieb.** Offenheit für Neues ist die Grundvoraussetzung, um sich auf unbekanntes Denkterrain zu wagen. Erhalten oder entwickeln Sie Ihre kindliche Neugier und die Fähigkeit, scheinbar Offensichtliches infrage zu stellen. Ein spielerischer Umgang mit dem Thema bringt oft die interessantesten Ideen. Die besten Einfälle kommen aus verspielten Köpfen und Gemütern. Und der beste Weg, diese anzuzapfen, ist zu spielen.

3. **Humor und Lachen.** Lachen verbessert die Stimmung und macht locker und offen. Humorvolle Menschen haben mehr Freude an unkonventionellen Ideen und trauen sich, auch schräge Vorschläge zu äußern. Und die wichtigste Fähigkeit überhaupt ist, über sich selbst lachen zu können.

4. **Bewegung und frische Luft.** Kreativität bedeutet auch, dass wir unsere Gedanken in eine andere Richtung bewegen. Aber nicht nur die geistige Fitness ist wichtig, auch körperliche Anstrengung kann bei der Ideensuche helfen. Beim Sport wird das Gehirn mit zusätzlichem Sauerstoff versorgt und erhält so mehr Energie. Jonglieren, Yoga oder Tai-Chi fördern Koordination und Geschicklichkeit und stärken die Verbindung der Gehirnhälften.

Darüber hinaus haben Experimente gezeigt, dass gezielte Bewegungen beim Lernen helfen können. Mehr noch, alleine die Art und Weise, wie wir einen Stift übers Papier bewegen, verändert unsere Kreativität! Amerikanische Forscher baten Ihre Probandinnen, entweder die geschwungenen oder die kantigen Formen in unten stehender Skizze nachzuzeichnen. Danach sollten sie einen Kreativitätstest absolvieren. Verblüffendes Ergebnis: Jene Teilnehmer, die die geschwungenen Linien nachgezeichnet hatten, schnitten dabei besser ab. Probieren Sie es selbst!

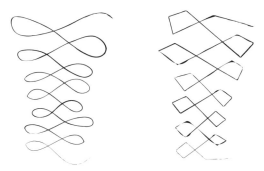

5. **Vertrauen und Sicherheit.** Nur in einer Atmosphäre, in der man sich sicher fühlt, können kreative Einfälle entstehen. Unbrauchbare Vorschläge oder mangelnde Ideen dürfen keine negativen Konsequenzen nach sich ziehen. Wie viele gute Ideen mögen wohl schon unausgesprochen geblieben sein, aus Angst davor, ausgelacht, ausgebuht oder ausgegrenzt zu werden? Auch Leistungsdruck und Erfolgsfixierung führen selten zu kreativen Neuerungen.

6. **Raum und Zeit.** Ideen brauchen Raum. Die ideale Denkumgebung ist anregend, aber nicht ablenkend. Zeit und Mittel müssen in ausreichendem Umfang zur Verfügung stehen. Zeitdruck erzeugt ein lähmendes Stressgefühl, das unsere mentalen Prozesse auf ein lebenserhaltendes Minimalprogramm herunterfährt: Angriff oder Flucht? So kann kein guter Einfall entstehen. Andererseits kann es durchaus förderlich sein, bei der Verwendung einzelner Werkzeuge Zeitlimits zu setzen, um die Möglichkeit des rationalen Denkens und Analysierens bewusst einzuschränken und Spontanität zu fördern. Dies sollte jedoch immer ohne Erfolgsdruck vonstattengehen.

7. **Reife und Lebenserfahrung.** Es ist ein weitverbreitetes Vorurteil, dass junge Menschen kreativer seien als ältere. Oft sind die *Jungen Wilden* zwar mutiger und äußern unkonventionelle Einfälle spontaner, aber die größere Lebenserfahrung reiferer Menschen bedeutet auch, dass sie bereits mehr Parallelen und Verknüpfungen zu ähnlichen Problemstellungen gefunden haben. Und wer schon oft Probleme kreativ gelöst hat, fürchtet sich weniger vor der Herausforderung.

8. **Allgemeinbildung und Fachwissen.** Laien sind unvoreingenommener und offener; allerdings gehen sie auch recht konventionell an eine Aufgabe heran und bleiben dabei oberflächlich, da ihnen die tiefere Einsicht in das Problem fehlt. Fachleute – keine Fachidioten – können wesentlich intensiver an dem Thema arbeiten.
   Kreative Menschen zeichnen sich durch eine *breite Allgemeinbildung* einerseits und *fundiertes Fachwissen* andererseits aus. Sie sind gleichzeitig *Generalisten* und *Spezialisten*. Und es gelingt ihnen, das gesamte ihnen zur Verfügung stehende Wissen auf ungewöhnliche Weise zu verknüpfen.

9. **Erholung und Schlaf.** Das müde Gehirn weigert sich, gewohnte Denkweisen zu verlassen. Dies würde zu viel Energie verbrauchen. Lieber in der Komfortzone bleiben, das ist sicherer.
   Zudem arbeitet unser Gehirn auch im Schlaf weiter an den Problemen des Tages. Geben Sie ihm die Chance, kreative Lösungen über Nacht zu finden. Tipps, wie Sie Lösungen im Schlaf erträumen können, finden Sie in Kapitel 7 ab Seite 93.

10. **Rasche Entscheidung und Umsetzung.** Kreativität wird oft im Nachhinein getötet, indem Ideen nicht oder nur mangelhaft umgesetzt werden. Jede weitere Ideensuche wird dann unter einem schlechten Vorzeichen stehen. Fragen Sie sich immer: Wann ist die Lösung gut genug? Vermeiden Sie unnötigen Perfektionismus und akzeptieren Sie eine einmal beschlossene Lösung ohne weiteres Nachgrübeln. Entscheidungs- und Umsetzungswerkzeuge sind Thema in Kapitel 9 ab Seite 189.

Auch die Verwendung des richtigen Werkzeugs ist wesentlich für ein zufriedenstellendes Ergebnis. Welche Technik passt zu Ihnen, Ihrem Problem oder Ihrem Team? In diesem Buch finden Sie eine große Auswahl an Methoden, damit Sie immer das passende Tool zur Hand haben.

Erfinden Sie Ihr eigenes Sternbild

Ein Wissensbereich, der besonders häufig mit Analogien und Metaphern arbeitet, ist die Astrologie. Da werden Erscheinungen am Himmel auf irdische Ereignisse übertragen, Planeten menschliche Züge verliehen und unschuldigen Kindern zum Zeitpunkt ihrer Geburt bereits Eigenschaften zugeschrieben, die sie dann im Laufe ihres Heranwachsen noch entwickeln müssen.

Nichts liegt mir freilich ferner, als Ihre esoterischen Gefühle zu verletzen. Und wenn Sie mit Ihrem Sternzeichen bislang zufrieden waren, behalten Sie es und machen Sie die Übung einfach für Ihren Lieblingsfreund oder -feind. Wenn Ihnen aber die Sonne in der Waage zu vage erscheint, Sie endlich Ihre Jungfräulichkeit verlieren möchten oder der Schütze Ihren veganen Überzeugungen widerspricht, dann lade ich Sie hiermit ein, ein neues, besseres Sternzeichen für sich zu erfinden.

Einsatz:	zum Erfinden individueller kosmischer Konstellation für sich selbst, die Familie, Freunde und Bekannte; auch als Partyspiel geeignet
Benötigt:	Sternkarte und helle Buntstifte
Dauer:	10 bis 20 Minuten
Tipp:	Statt einer echten Sternkarte können Sie jedes beliebige Punkte- oder Fleckenmuster verwenden, zum Beispiel auch die Sommersprossen Ihrer Sitznachbarin.

Ablauf:

1. Verbinden Sie die Sterne auf der nächsten Seite zu einem hübschen Sternbild. Egal ob Tier, Pflanze, Gegenstand, Fabelwesen oder Landschaft: Ihrer Phantasie sind dabei keine Grenzen gesetzt.
2. Überlegen Sie, welche Eigenschaften Sie immer schon besitzen wollten. Welche bislang unerkannten Talente schlummern in Ihnen? Konzentrieren Sie sich dabei auf Positives. Um die schlechte Nachrede kümmern sich ohnedies die anderen.
3. Ordnen Sie all Ihre Vorzüge dem neuen Sternbild zu.
4. Gratuliere! Ab sofort stehen Sie unter dem Einfluss und Schutz dieser Sternkonstellation. Beobachten Sie sich selbst über einige Tage hinweg und staunen Sie darüber, wie *typisch* alles, was Sie tun und erleben, für Ihr neues Sternzeichen ist.

Die Idee zu dieser Übung stammt aus Eckart von Hirschhausens kabarettistischem Selbsthilfebüchlein *Glück kommt selten allein ...*

Analog-Ideen · 113

> **ÜBUNG**
>
> Mein neues Sternzeichen ist _____
>
> Folgende Eigenschaften sind für _____ typisch:
>
> _____
>
> _____
>
> _____
>
> _____

Hier einige Beispiele zur Anregung:

Der Schmetterling

Wandelt sich von einer unförmigen Raupe in einen wunderschönen, bunt schillernden Falter. Angelockt vom süßen Duft der Blüten fliegen Schmetterlinge von Blume zu Blume und genießen den Tag. Manchmal wirken sie etwas flatterhaft, was an der unbändigen Neugierde liegt, die Menschen dieses Sternbilds auszeichnet. Schmetterlinge sind oft in kreativen Berufen anzutreffen. Zufälligerweise ist dies auch mein Sternzeichen!

Die Kaffeetasse

Sehr beliebt bei Schmetterlingen (siehe oben). Weckt die Lebensgeister ihrer Mitmenschen und bringt Anregung in jede müde Party. Menschen dieses Sternbilds fühlen sich manchmal nach längerem Kontakt mit anderen Personen leer, regenerieren sich aber bei Bedarf rasch wieder.

Das Einhorn

Edelstes, aber leider auch seltenstes aller Sternzeichen. Soll mithilfe seines Horns Krankheiten heilen und sogar Tote wiederbeleben können, tut dies aber selten, da es recht kontaktscheu ist. Akzeptiert nur Freundschaftsanfragen von Jungfrauen, die reinen Herzens sind, weshalb Personen dieses Sternzeichens von anderen oft als arrogant bezeichnet werden. Dabei sind Einhörner nur schüchtern und, nun ja, etwas wählerisch.

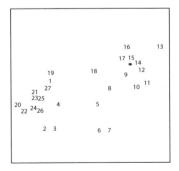

Freie Analogien

Analogien zu bilden liegt uns im Blut. Wenn wir zwei offenbar unzusammenhängende Dinge miteinander vergleichen, fallen uns meist automatisch Ähnlichkeiten oder Parallelen auf. Doch wie beginnen? Was womit vergleichen?

Bei dieser Methode benutzen Sie gezielte Fragen als Inspiration für freie Analogien. Dabei geht es nicht darum, die beste, passendste Analogie für Ihre Aufgabenstellung zu finden, sondern viele unterschiedliche Vergleiche anzustellen und das Problem so von möglichst vielen Blickwinkeln aus zu betrachten.

Einsatz:	zur Einstimmung und ersten Ideensammlung; auch als Vorbereitung für vertiefende Analogie-Techniken
Benötigt:	Stift und Papier
Dauer:	10 bis 30 Minuten; nach Lust und Laune auch länger
Tipp:	Gedanken-Experimente dieser Art können Sie überall und jederzeit durchführen. Regelmäßig geübt, schulen sie Ihren Geist und vertreiben Langeweile, zum Beispiel morgens in der U-Bahn.

Ablauf:

1. Formulieren Sie die Aufgabenstellung möglichst kurz und anschaulich. Finden Sie einen prägnanten Begriff, der das Problem zusammenfasst.
2. Stellen Sie Analogie-Fragen und notieren Sie Ihre Antworten. Einige Beispiele finden Sie auf der nächsten Seite. Benutzen Sie auch Gegenstände in Ihrer Nähe als Quelle für Analogie-Fragen. Sehen Sie sich an Ihrem Arbeitsplatz um und vergleichen Sie Ihre Aufgabenstellung mit den Dingen, die Sie dort finden. Sie können die Reizwortlisten auf den Seiten 79 bis 84 verwenden, um zufällige Analogien zu bilden. Oder machen Sie einen Spaziergang und lassen Sie sich von der Umgebung zu ungewöhnlichen Vergleichen inspirieren.
3. Wie können Sie Ihre Antworten auf Ihr Problem übertragen?
   Welche Lösungsstrategien ergeben sich durch die Vergleiche?
   Was ist durchführbar?
4. Setzen Sie die besten Ideen um.

Wenn eine der Analogien Ihnen besonders passend erscheint, können Sie das Thema mit dem nächsten Denkwerkzeug, der *Direkten Analogie,* noch weiter vertiefen.

Analog-Ideen · 117

> **ÜBUNG**

Definieren Sie Ihre Aufgabe in einem Wort und beantworten Sie die folgenden Fragen:

Die Aufgabe: _____

1. Welches Tier ist wie _____ *(Ihr Problem)*? _____

2. Warum? _____

   Welche Pflanze ähnelt _____ *(Ihrem Problem)*? _____

   Wo würde das Problem besonders gut gedeihen? _____

   Und wo die Lösung? _____

   Welche Böden bevorzugt _____ *(Ihr Problem)*? _____

   Sonne oder Schatten? _____

   Wie oft sollte die potenzielle Lösung gegossen werden? _____

3. Auf welche Weise könnte eine kalte, halb aufgegessene Pizza das Problem lösen?

   _____

4. Worin ähnelt _____ *(Ihr Problem)* einer Taschenlampe? _____

   Was wird damit besonders gut beleuchtet? _____

5. Welche Schuhe würde _____ *(Ihr Problem)* tragen? _____

   Warum? _____

6. Was macht _____ *(Ihr Problem)* am Feierabend? _____

   Wie verbringt es seine Freizeit, wenn es unbeobachtet ist? _____

7. Welche berühmte Persönlichkeit (real oder fiktiv) ist wie _____ *(Ihr Problem)*?

   _____

8. Auf welche Weise ähnelt ein Bierkrug _____ *(Ihrem Problem)*?

   _____

   Halb voll oder halb leer? _____

Direkte Analogie

Hier geht es nun nicht darum, möglichst viele unterschiedliche Analogien zu finden, sondern darum, ein spezielles Bild auszubauen und gedanklich zu vertiefen.

> **Einsatz:** zur Ideensammlung, Strukturierung von Inhalten, Hinführung zu einem Thema; besonders geeignet für Vertreter schreibend kreativer Berufe wie Journalistinnen oder Autoren sowie zum Finden griffiger Bilder zur Wissensvermittlung für Lehrer oder Trainerinnen
> **Benötigt:** Papier und Stifte
> **Dauer:** 10 bis 30 Minuten
> **Tipp:** Legen Sie sich spannende Hobbys zu, die sich als Basis für die Analogie-Bildung eignen. Je vielfältiger und reicher Ihr Leben, desto vielfältiger und reicher werden Ihre Analogien ausfallen.

Ablauf:

1. Legen Sie das Thema für diese Ideensuche fest.
2. Wählen Sie ein Fachgebiet, zu dem Sie einiges wissen. Dabei kann es sich um ein Hobby handeln oder einen bestimmten Bereich Ihres Arbeitsalltags. Sie können auch ganz alltäglich Gegenstände zur Analogie-Bildung heranziehen, wenn Sie genügend über diese Gegenstände wissen. Wichtig ist nur, dass diese nichts mit Ihrer Aufgabenstellung zu tun haben.
3. Notieren Sie drei bis fünf Minuten lang alle Eigenschaften, Faktoren und Assoziationen, die Ihnen zu Ihrem Analogie-Thema einfallen. Sie können diese Gedanken auch mittels einer ABC-Liste (siehe Seite 40) strukturiert sammeln oder ein KaWa (Seite 51) dazu anfertigen.
4. Beziehen Sie nun die Eigenschaften und Assoziationen auf Ihr ursprüngliches Thema. Welche dieser Eigenschaften gelten auch dafür? Wie können Sie die einzelnen Faktoren kreativ darauf beziehen? Stellen Sie weiterführende Fragen zu den einzelnen Attributen.

Mein Eigenheim

„Man muss dem Körper Gutes tun,
damit die Seele Lust hat, darin zu wohnen."
Winston Churchill

Ich möchte diese Methode anhand eines Beispiels erklären. Machen Sie gleich mit! Vielleicht erfahren Sie dabei – im Sinne eines Selbstcoachings – auch einiges über sich selbst.

1. Nehmen wir an, Sie müssten sich vor einer Gruppe von Personen auf interessante, kreative Weise vorstellen. Sie wollen ein Bild schaffen, das dem Publikum noch lange in Erinnerung bleibt. Gegenstand Ihrer Ideensuche sind also Sie selbst.

2. Nehmen wir weiterhin an, der Personenkreis käme aus der Baubranche oder einem verwandten Gebiet. Dann könnten Sie als Analogie für sich selbst ein Haus wählen.

3. Welche Eigenschaften fallen Ihnen dazu ein?

Zum Beispiel: *Baujahr, Größe, Anzahl der Wohneinheiten oder Zimmer, Fenster, Material, Bauweise, Fassade, Nachbarn, Kellerräume, Zustand, Renovierungsdatum, Adresse, Garten, Dachboden, Erdgeschosszone,*

_____

_____

_____

4. Beziehen Sie nun die Eigenschaften auf sich selbst: Welche Attribute gelten auch für Sie?

Meine eigenen Assoziationen:
Ich bin Baujahr 1969. Für mein Alter bin ich noch recht gut erhalten, wenn auch hie und da bereits kleinere Reparaturen notwendig sind. Auch wenn ich auf den ersten Blick ein eher kleines Häuschen bin, haben doch viele Teilpersönlichkeiten in mir Platz. Zudem beherberge ich im lichten Dachgeschoss ein Grafikatelier, im Zwischenstock eine kleine Coaching-Praxis sowie einen großen Seminarraum im Erdgeschoss, der auch als Spiel- und Kreativitätszimmer genutzt wird. Eine geräumige Bibliothek und ein gut ausgestattetes Büro sind ebenfalls vorhanden. Die Räume sind hell und

lichtdurchflutet dank zahlreicher Fenster, die die Eindrücke der Welt hereinlassen. Er-baut aus solidem Ziegelmaterial, wirft mich so leicht nichts um. Ich umgebe mich gerne mit einer großen, lauten Nachbarschaft, ziehe mich aber ebenso gerne zum Ausgleich in meine stillen Kellerräume zurück, um Ruhe zu finden.

ÜBUNG

Nun sind Sie an der Reihe! Wie lautet Ihre Selbstpräsentation vor der Baufirma?

_____

_____

_____

_____

_____

_____

_____

_____

_____

_____

_____

Einige Analogien sind offensichtlich, andere etwas schwieriger zu erarbeiten. Nicht auf jede Frage mag es sofort eine Antwort geben. Wichtig bei dieser Technik ist nicht, jede einzelne Eigenschaft auf das ursprüngliche Thema zu übertragen, sondern mit den passenden Begriffen neue Assoziationen, Blickwinkel, Erkenntnisse und letztendlich neues Wissen zu erlangen.

Persönliche Analogien

Bei dieser Methode schlüpfen Sie selbst in die Rolle Ihres Problems oder eines Teils davon und betrachten die Welt aus seiner Sicht.

Einsatz:	für konkrete Aufgabenstellungen in der Entwicklung, Verbesserung und Vermarktung von Produkten oder deren Recycling
Benötigt:	Stift und Papier
Dauer:	je nach Aufgabenstellung 30 Minuten bis mehrere Tage
Tipp:	Wenn es Ihnen hilft, können sie auch Requisiten benutzen, um sich besser in Ihre Rolle einzufühlen.

Ablauf:

1. Definieren Sie die Aufgabe und notieren Sie alle Elemente des Problems. Wenn es sich um ein konkretes Produkt handelt, schreiben Sie eine Liste der wichtigsten Bestandteile.
2. Wählen Sie ein Element aus, versetzen Sie sich in seine Lage. Nehmen Sie seine Haltung ein und agieren Sie wie dieses Element. Versuchen Sie, das Problem aus seiner Sicht zu betrachten.
3. Die wichtigste Frage, die Sie bei dieser Methode beantworten müssen, lautet:
   Wie würde ich mich fühlen, wenn ich _____ (dieses Element) wäre?
4. Stellen Sie sich weitere Fragen wie zum Beispiel:
   - Was würde _____ *(das Element)* sagen, wenn es reden könnte?
   - Welche Sprache würde es benützen?
   - Welche Lieder würde es singen?
   - Wie lautet sein Motto?
   - Was wären seine Ängste, Sorgen, Hoffnungen und Wünsche?
   - Wie würde _____ *(das Element)* das Problem lösen?
5. Notieren Sie alle Gedanken und Ideen aus der Sicht des gewählten Elements.
   Was können Sie daraus ableiten? Welche Lösungsideen ergeben sich daraus?
6. Wiederholen Sie den Prozess bei Bedarf mit anderen Elementen und vergleichen Sie die Sichtweisen der einzelnen Bestandteile.
7. Wählen Sie eine Lösungsmöglichkeit aus und planen Sie die Umsetzung.

122 · Brainstorming for One

ÜBUNG

Probieren Sie's gleich aus!

1. Problem: _____

2. Bestandteile / Elemente: _____

3. Wie würden Sie sich fühlen, wenn Sie _____ wären?

   _____

   _____

4. Was würden Sie sagen?

   _____

   _____

   _____

   In welcher Sprache? _____

   Welches Lied würden Sie singen? _____

   Welches Motto hätten Sie?

   Was wären Ihre Ängste, Sorgen, Hoffnungen?

   _____

   Wie würden Sie das Problem lösen?

   _____

5. Was können Sie daraus ableiten? Welche Lösungsideen ergeben sich daraus?

   Notieren Sie alle Einfälle hier: _____

   _____

Bionik

Die *Bionik* (auch *Biomimikry, Biomimetik* oder *Biomimese*) ist eine Spezialform der Analogie-Methoden. Der Begriff ist eine Wortschöpfung aus den Begriffen *Biologie* und *Technik*: Lösungen aus der Natur werden auf technische Probleme übertragen. Die Methode erfordert besondere fachliche Kompetenzen in jenem Bereich, in dem sie zur Anwendung kommen soll.

Meist wird in interdisziplinären Teams gearbeitet, in denen Naturwissenschaftler und Ingenieure sowie bei Bedarf auch Vertreter anderer Disziplinen wie etwa Architekten, Philosophen und Designer kooperieren. In ihrer einfachsten Form kann die Methode aber auch alleine durchgeführt werden, wenn Sie über das erforderliche Fachwissen in Ihrem Bereich und über etwas biologische Allgemeinbildung verfügen.

Einsatz:	in vielen Bereichen wie Technik, Architektur, Produktentwicklung und Design
Benötigt:	Stift und Papier; eventuell Beispiele oder Modelle aus der Natur
Dauer:	60 Minuten bis mehrere Tage
Tipp:	Auch wenn Sie keine Analogien zu Ihrem Problem finden, tut ein Spaziergang in der Natur Ihrer Kreativität immer gut.

Man unterscheidet grundsätzlich zwischen zwei unterschiedlichen Vorgehensweisen, dem *Top-Down-* und dem *Bottom-Up-Prozess.*

Beim *Top-Down-Prozess* werden für ein konkret existierendes Problem Vorbilder in der Natur gesucht und die gefundenen Lösungen auf das Problem übertragen:
1. Definition des Problems.
2. Gezielte Suche nach Analogien in der Natur.
3. Analyse der gefundenen Analogien.
4. Transfer der natürlichen Lösung auf das Ausgangsproblem.
5. Interdisziplinäre Umsetzung durch Fachkräfte aller relevanten Bereiche.

Beim *Bottom-Up-Prozess* wird der umgekehrte Weg verfolgt: Prinzipien, die man bei der Beobachtung und Analyse natürlicher Prozesse entdeckt hat, werden auf Anwendbarkeit in einem technischen oder gestalterischen Bereich untersucht:
1. Die Basis bildet die biologische Grundlagenforschung.
2. Interessante, auffallende biologische Phänomene werden analysiert, zugrundeliegende Prinzipien herausgearbeitet und schließlich abstrahiert.
3. Suche nach möglichen Anwendungen in Technik, Design, Architektur etc.
4. Interdisziplinäre Entwicklung durch Fachkräfte aller relevanten Bereiche.

Eine große Anzahl an Entwicklungen, die wir uns heute kaum noch aus unserem Alltag wegdenken können, basiert auf der Bionik. Hier einige Bespiele:

Klette	Klettverschluss
Vogelflügel	Flugzeugtragfläche
Krakenarme	Saugnapf
Löwenzahnsamen	Fallschirm
Haifischhaut	Außenfläche von Flugzeugen, Schwimmanzug
Insektenfühler	Sensoren für Roboter
Fledermaus, Delfin	Echolot
Körperbau der Libelle	Hubschrauber
Skelett des Dinosauriers	Kranbau
Samen des Ahornbaumes	Propeller
Giftstachel von Bienen oder Hornissen	Spritze
Gecko	Spezial-Klebeband ohne Klebstoff
Insektengang	Bewegung geländegängiger Roboter

ÜBUNG

Welche weiteren Beispiele fallen Ihnen ein?

Analog-Ideen · 125

ÜBUNG

Machen Sie einen Kreativ-Spaziergang!

Auch ohne technischer Expertise und abgeschlossenem Biologiestudium können Sie das Prinzip der Bionik ausprobieren. Bei der folgenden Übung kommen Sie außerdem an die frische Luft und tanken neue Energien.

1. Nehmen Sie sich an einem Schönwettertag mindestens eine Stunde Zeit, in der Sie sich ausschließlich mit Ihrem Problem auseinandersetzen wollen. Das kann durchaus auch während der Arbeitszeit sein, wenn es sich um eine berufliche Aufgabenstellung handelt.
2. Definieren Sie die Aufgabe möglichst genau. Setzen Sie sich mit dem Problem auseinander und wählen Sie bei komplexen Aufgaben einen oder mehrere Teilbereiche, zu denen Sie heute Inspiration suchen wollen. Notieren Sie alle relevanten Daten auf einem großen Blatt und schreiben Sie darunter:

   „Löse eben mal dieses Problem. Bin um _____ Uhr wieder hier."

   Lassen Sie den Zettel auf Ihrem Schreibtisch liegen. Packen Sie Ihr Notiz- oder Skizzenbuch und die technischen Hilfsmittel Ihrer Wahl ein, schalten Sie das Mobiltelefon ab und verlassen Sie das Büro.
3. Gehen oder fahren Sie ins Grüne. Machen Sie einen Spaziergang und beobachten Sie die Natur um sich herum genau. Bleiben Sie öfter stehen und vertiefen Sie sich in Details am Wegesrand. Machen Sie Skizzen. Notieren Sie besondere Beobachtungen. Sammeln Sie Blätter und Blüten, die Sie in Ihr Notizbuch kleben können.
   Lassen Sie sich inspirieren!
4. Zurück an Ihrem Schreibtisch gehen Sie Ihre Eindrücke nochmals durch. Vielleicht zeigen Ihre Notizen und Skizzen Ihnen bereits einen klaren Weg, wie Sie die Aufgabe lösen können? Wenn nicht, lassen Sie die Erlebnisse in Ruhe auf sich wirken. Oft kommt die Inspiration erst etwas später, nachdem das Gehirn die Wahrnehmungen verarbeiten und mit anderen Inhalten verknüpfen konnte.

ÜBUNG

Hier ist Platz für die interessantesten Blätter und Blüten, die Sie gesammelt haben:

Was wäre wenn ...?

Was-wäre-wenn-Fragen regen die Phantasie auf besondere Weise an. Sie eröffnen neue, unerforschte Möglichkeitsräume, die zum Betrachten, Betreten und Erkunden einladen. Diese Methode ermöglicht Ihnen einen spielerischen Zugang zu Ihrer Aufgabe. Fiktive Szenarien bilden dabei die Basis für reale Lösungen.

Einsatz:	zum Finden ungewöhnlicher Lösungen für vielfältige Problembereiche
Benötigt:	Stifte und Papier
Dauer:	20 Minuten oder länger
Tipp:	Probieren Sie diese Methode auch einmal als reine Gedankenübung vor dem Einschlafen aus und notieren Sie Ihre Träume am nächsten Morgen.

Ablauf:

1. Notieren Sie das Ziel Ihrer Ideensuche.
2. Finden Sie so viele Was-wäre-wenn-Szenarien wie möglich.
   - Was wäre, wenn das Problem fliegen könnte?
   - Oder wenn ein Bestandteil davon unsichtbar wäre?
3. Beantworten Sie die Fragen möglichst ausführlich.
4. Wählen Sie eines der Szenarien aus und erkunden Sie den Ideenraum, der sich daraus ergibt, genauer.
   - Welche Charakteristika zeichnen das Szenario aus?
   - Welche Bestandteile sind wesentlich dafür?
   - Was sind die Konsequenzen?
   - Wer ist davon betroffen?
5. Welche Eigenschaften lassen sich auf Ihr Problem übertragen?
6. Welche Lösungsmöglichkeiten stecken in dem Szenario oder seinen Bestandteilen?
7. Entscheiden Sie sich für eine der Strategien und planen Sie erste Umsetzungsschritte.

Im Englischen nennt man diese Art des Fragenstellens *What Ifing*. Die Deutsche Sprache lässt sich nicht so flexibel beugen, und *Was-wäre-wennen* klingt für unsere Ohren ziemlich doof. Schade, eigentlich.

ÜBUNG

Fremdartige Wesen

Beantworten Sie die folgenden Fragen möglichst ausführlich und detailreich. Bedenken Sie dabei auch die potenziellen Auswirkungen und Konsequenzen: Wer wäre davon am meisten betroffen, wer am wenigsten? Welche weiterführenden Fragen tauchen bei dem Gedanken noch auf?

1. Was wäre, wenn der Mensch auch auf dem Hinterkopf Augen hätte?

2. Was wäre, wenn wir vier Arme hätten anstatt zwei?

3. Was wäre, wenn sich das Geschlecht des Menschen temperatur- oder wetterabhängig ändern könnte?

4. Was wäre, wenn Geld buchstäblich auf den Bäumen wüchse?

5. Was wäre, wenn der Staat oder eine karitative Organisation jedem Menschen, egal wie alt oder jung, reich oder arm, ein Fahrrad schenkte?

6. Was wäre, wenn Autofahren ebenso geächtet wäre wie Zigarettenrauchen?

7. Was wäre, wenn der Mensch 20 Stunden täglich schlafen würde und nur vier Stunden wach wäre?

8. Was wäre, wenn jedes Paar gesetzlich verpflichtet wäre, mindestens ein Kind zu adoptieren?

9. Was wäre, wenn Heterosexualität als Perversion betrachtet und diskriminiert würde?

10. Was wäre, wenn das Geschlecht des Menschen von außen nicht erkennbar wäre?

11. Was wäre, wenn wir das Leben verkehrt herum leben würden, d.h. als alte Menschen zur Welt kämen und als Babys von hier gingen?

12. Was wäre, wenn Frisuren – ähnlich wie die Körpergröße oder Statur – unveränderbare Eigenschaften wären?

13. Was wäre, wenn Kreativität an allen Schulen Pflichtfach wäre und dieses Standard-Lektüre?

6. | Ver-rückte Ideen

*„Manchmal habe ich schon vor dem Frühstück
sechs unmögliche Sachen geglaubt."*
Die Weiße Königin in Lewis Carroll, Alice hinter den Spiegeln

Das Gehirn hat vor allem die Aufgabe, brillant unkreativ zu sein. Der Hauptzweck des Denkens besteht darin, Denken überflüssig zu machen. Das ist auch richtig so. Unser Geist will in der Welt vertraute Muster erkennen, um schneller Entscheidungen treffen zu können: Kann ich es essen oder isst es mich? Keine unwichtige Frage im Überlebenskampf unserer Vorfahren. Und allzu lange durfte man nicht darüber nachgrübeln.

Heute werden wir zwar nicht mehr vom Säbelzahntiger bedroht, aber auch ein heranrasender Lkw oder der mit hochrotem Kopf zur Türe hereinstürmende Chef können eine gewisse Gefahr darstellen. Angriff oder Flucht? Hier greifen wir gerne auf erlernte Muster zurück. Darin sind wir so gut, dass es uns häufig schwerfällt, irgendetwas anderes zu sehen als unsere vordefinierten Wahrnehmungsschablonen.

Aber das Denken innerhalb vorhandener Muster führt nicht zu neuen Mustern. Von Zeit zu Zeit ist daher ein Musterwechsel notwendig. Zum Beispiel durch *Fehler*, *Zufälle* und *Humor*. Wie man bewusst das Muster wechselt, um sich nicht auf einen glücklichen Irrtum verlassen zu müssen, ist Thema dieses Kapitels.

Inhalte von Kapitel 6

Lassen Sie sich von den folgenden Informationen, Übungen und Werkzeugen ver-*rückt* machen:

Information

Laterales Denken 133

Aufwärmübungen

Falsche Hände gibt es nicht 135

Werkzeuge

Imaginäres Brainstorming 136
Kopfstandmethode 139
Paradoxon 141
Die *po*-Methode 144

Laterales Denken: Finden Sie das Richtige im Falschen

> „Wer sich an das Absurde gewöhnt hat,
> findet sich in unserer Zeit gut zurecht."
>
> Eugène Ionesco

Rückblickend ist jede schöpferische Idee vernünftig – anderenfalls hätten wir sie längst vergessen, da sie für uns nicht nützlich ist. Das bedeutet aber nicht, dass wir durch logisches Denken schöpferisch sein könnten. Logische Denkprozesse verlassen nicht die gewohnten Denkbahnen und führen damit nicht zu neuen Ideen. Wer immer das Gleiche tut, darf sich nicht darüber wundern, immer die gleichen Resultate zu erzielen.

Das *laterale Denken* (von lat. *latus = Seite*) hilft uns, einen bewussten Musterwechsel herbeizuführen, um nicht auf Fehler oder Zufälle angewiesen zu sein. Es ist ein bewusster, formaler Prozess, der erlernbar ist. Der Begriff wurde in den 1960er-Jahren von Edward de Bono als Fachausdruck für das umgangssprachlich verwendete *Querdenken* oder *Um-die Ecke-Denken* eingeführt. Den Gegenpol des lateralen Denkens bezeichnet de Bono als vertikales Denken. Dies entspricht dem logisch-analytischen Denken, das wir durch Erziehung und Ausbildung erlernt haben.

Vertikales Denken	Laterales Denken
ist analytisch und logisch	ist provokativ und evokativ
ist selektiv	ist generativ und multiversal
arbeitet mit bestehenden Denkmustern	verändert bestehende Muster oder erfindet neue
sucht eine Richtung, indem es andere Richtungen ausschließt	sucht keine Richtung, versucht aber, neue Möglichkeiten zu eröffnen
nutzt das Negative, um Möglichkeiten auszuschließen	kennt kein Negatives
sucht nach dem besten Ansatz, dem Optimum	es werden immer neue Ansätze gesucht, auch wenn bereits ein vielversprechender gefunden wurde
sucht nach der *richtigen* Lösung	sucht vielfältig
läuft über geregelte Bahnen	nutzt informelle Wege und distanziert sich vom Gewohnten („ver-rückt")

Vertikales Denken	Laterales Denken
entwickelt jeden Schritt aus dem vorherigen und ist fest mit ihm verbunden	kann Sprünge machen und den Zwischenraum später füllen; manche Schritte müssen falsch sein, um eine richtige Lösung zu erreichen
verspricht zumindest eine Minimallösung	erhöht die Chancen für eine Maximallösung, macht aber keine Versprechungen
verbindet Informationen zu Strukturen	zerlegt alte Strukturen, um Information freizusetzen
vertritt einen fixen Standpunkt	ver-*rückt* die Perspektive

Durch laterales Denken schulen wir die Fähigkeit, unsere Wahrnehmung bewusst zu ändern und die Welt aus einem anderen Blickwinkel zu betrachten. Gedankliche Sprünge und Assoziationen sind erwünscht und müssen auch nicht immer richtig sein. Fehler sind gut, da wir sie als Trittstein für weitere Ideen verwenden können. Auch nicht durchführbare Lösungen können zum besseren Verständnis des Problems beitragen.

Manche Menschen haben davor Angst, verrückte Ideen zu äußern. Man könnte ja sie selbst für verrückt halten. Glauben Sie mir: Verrückte Menschen haben nicht verrückte Einfälle, sondern meist nur eine einzige fixe Idee. Viele ungewöhnliche Ideen hingegen zeichnen kreative Personen aus, die über eine Menge an Wahlmöglichkeiten verfügen. Der Verrückte hat meist keine Wahl.

Eine Rätselart, die nur durch Querdenken zu lösen ist, ist das *Lateral*. Dabei gibt der Rätselsteller eine mit wenigen Sätzen beschreibbare Situation vor, deren Zustandekommen es zu erraten gilt. Die Teilnehmer tasten sich mithilfe von Fragen, die der Aufgabensteller mit *„Ja"* oder *„Nein"* beantworten kann, an die Lösung heran. Fragen können auch mit *„irrelevant"* beantwortet werden, wenn sie nicht zur Lösung des Rätsels erforderlich sind. Gewonnen hat, wer die Lösung als Erster vollständig rekonstruieren kann. Hier drei Beispiele bekannter Laterale:

1. **Romeo und Julia liegen tot auf dem Boden vor einem geöffneten Fenster. Glassplitter liegen auf dem nassen Boden. Was ist passiert?**
2. **Ein toter Mann liegt nackt im Schnee mit einem Streichholz in der Hand. Nirgends sind Fußspuren zu sehen. Was ist geschehen?**
3. **Kurt, der im zehnten Stock eines Wohnhauses wohnt, kann mit dem Fahrstuhl manchmal nur in den sechsten Stock hinauffahren und muss die restlichen Stockwerke zu Fuß gehen. Abwärts kann er aber immer bis ins Erdgeschoss durchfahren. Warum?**

Die Lösungen finden Sie am Ende dieses Kapitels. Vielleicht kommen Sie selber drauf, nachdem Sie die Aufwärmübung auf der nächsten Seite durchgeführt haben.

Falsche Hände gibt es nicht

Mit dieser Übung lernen Sie, Ihre nicht-dominante Hand und die damit verbundene Gehirnhälfte zu aktivieren.

Einsatz:	zur Auflockerung
Benötigt:	Stift
Dauer:	3 Minuten
Tipp:	Nehmen Sie sich vor, ab sofort eine oder mehrere Alltagstätigkeiten mit Ihrer nicht-dominanten Hand zu üben. Zähneputzen eignet sich dazu hervorragend. Auch beim Kochen, Essen und Abwaschen können Sie Ihre schwache Hand trainieren.

Führen Sie alle Aufgaben mit Ihrer nicht-dominanten Hand aus:

1. Schreiben Sie *„Ich schreibe jetzt mit meiner nicht-dominanten Hand."*

2. Zeichnen Sie einen Baum.

3. Zeichnen Sie ein Quadrat.

4. Schreiben Sie das heutige Datum.

5. Unterschreiben Sie!

Übrigens: Am 13. August ist Welt-Linkshändertag. Immer ein Grund zum Feiern!

Imaginäres Brainstorming

Bei dieser Methode wird die Aufgabenstellung in einzelne Bestandteile oder Schlüsselwörter zerlegt, die dann durch völlig andere Begriffe ersetzt werden. Der Fokus wird ver-*rückt* und es entsteht eine neue Aufgabe, zu der Lösungsansätze gesucht werden.

Einsatz:	in festgefahrenen Situationen; um ein Problem zu abstrahieren und ver-*rückte* Ideen zuzulassen.
Benötigt:	Papier und Stift
Dauer:	30 Minuten
Tipp:	Die imaginären Fragestellungen dürfen ruhig absurd sein. Haben Sie Spaß an Ihrer Kreativität!

Ablauf:

1. Am Anfang steht wie immer die Aufgabenstellung. Diese sollte in einem Satz formuliert sein und mindestens zwei Schlüsselbegriffe enthalten.
2. Zerlegen Sie die Aufgabe in ihre wichtigsten Bestandteile.
3. Ersetzen Sie diese Komponenten durch völlig andere Begriffe, die nichts mit Ihrer Aufgabe zu tun haben. Die grammatikalische Wortkategorie sollte dabei gleich bleiben.
   Für ein Substantiv suchen Sie daher neue Substantive, für ein Verb Verben, für ein Adjektiv weitere Adjektive etc. Sie können dafür auch die Reizwortlisten auf Seiten 79 bis 84 oder ein Lexikon verwenden. Finden Sie mindestens fünf bis sechs neue Wörter für jeden Schlüsselbegriff.
4. Suchen Sie aus den gesammelten Begriffen eine interessante Kombination aus und formulieren Sie die Fragestellung damit um.
5. Machen Sie ein Brainstorming zu der neuen Fragestellung. Notieren Sie alle spontanen Ideen und denken Sie auch daran, eines der Werkzeuge, die Sie bereits kennengelernt haben, zu benutzen. Zensieren Sie nichts!
6. Übertragen Sie die gefundenen Lösungen auf das Ausgangsproblem. Suchen Sie Analogien zu Ihrer Aufgabe und den darin enthaltenen Schlüsselbegriffen.
7. Setzen Sie die besten Ideen um!

Die Stadt der Kamele

Bei einem Kreativitäts-Seminar fragte eine der Teilnehmerinnen:
Wie muss ich meine Homepage gestalten, damit sie bei Jugendlichen gut ankommt?

Als wichtigste Bestandteile definierte sie *Homepage, gestalten* und *Jugendliche.*

Wir führten in der Gruppe ein kurzes Brainstorming durch und fanden folgende Alternativ-Begriffe:
für *Homepage*: Obstkiste, Stadt, Weide, Blumentopf, Nähmaschine
für *gestalten*: stricken, färben, weben, begrünen, jagen
für *Jugendliche*: Friseure, Kamele, Klavierspieler, Insekten, Polizisten

Die Teilnehmerin entschied sich für *Stadt, begrünen* und *Kamele* und formulierte die Aufgabe um:
Wie muss ich meine Stadt begrünen, damit sie bei Kamelen gut ankommt?

Ihre Assoziationen dazu:
„Wenn ich an Kamele denke, entstehen vor meinem geistigen Auge *Wüsten* und *Oasen. Karawanen*, die entlang von *Trampelpfaden* langsam durch die Steppe wandern. Kamele sind Herdentiere und brauchen aufgrund ihrer Körpergröße viel Platz. Daher werde ich *breite Wege* schaffen, auf denen die Herden gut vorankommen. *Betonwüsten* werden den Schwielensohlern nichts anhaben können, solange die nächste *Wasserstelle* nicht allzu weit ist. Daher plane ich *städtische Oasen* in Form von Parks und Ruhezonen und stelle *Trinkbrunnen* für die Tiere zur Verfügung."

Auf die Homepage-Gestaltung übertragen:
„Auch Jugendliche treten gerne in *Herden* auf. Dieses *Gruppengefühl* sollte ich ihnen auch auf meiner Homepage bieten, zum Beispiel durch das Einbinden von *Social-Media-Tools* und *-Funktionen*. Die Trampelpfade könnte ich in *meist besuchte Seiten* übersetzen. Dort wollen alle hin, also zeige ich den Besuchern, wie viele Menschen schon vor ihnen da gewesen sind. Diese Rolle übernimmt ein *Counter*. Auf die *Gestaltung (Begrünung)* kommt es gar nicht so sehr an, solange hie und da *Anreize (Oasen)* geschaffen werden. Etwas, das Spaß macht, erfrischt und vor allem gratis ist. Kleine Spiele, Videos, Klingeltöne etc."

ÜBUNG

Jetzt sind Sie an der Reihe!

1. Notieren Sie Ihre Aufgabenstellung in einem Satz:

   _____

2. Welches sind die Schüsselwörter?

   _____ , _____ , _____ , _____

3. Finden Sie alternative Begriffe für Ihre Schlüsselwörter:

   _____

   _____

   _____

   _____

   _____

4. Wie lautet die neue, imaginäre Fragestellung?

   _____

5. Suchen Sie nach Lösungen für das imaginäre Problem!

   _____

   _____

   _____

   _____

   _____

   _____

6. Welche der Ideen lässt sich auf das Ausgangsproblem übertragen? Wie?

   _____

   _____

   _____

   _____

Kopfstandmethode

Die *Kopfstandmethode*, auch *Umkehr-* oder *Flip-Flop-Technik* genannt, nutzt die Tatsache, dass Menschen dazu neigen, Probleme und Fehler schneller zu sehen als positive Aspekte.

Bei diesem Werkzeug fragen wir uns nicht: *„Wie können wir die Sache besser machen?"*, sondern: *„Was ist schlecht und wie könnte man es noch schlechter machen?"* Da bei dieser Methode oft unsinnig erscheinende Fragestellungen entstehen, fällt es leichter, spielerisch mit dem Thema umzugehen und die eigenen Einfälle unzensiert zu notieren.

Einsatz:	zur spielerischen Bestandsaufnahme einer Ist-Situation, zur Verbesserung schlechter Ausgangssituationen und für neue Impulse in festgefahrenen Situationen.
Benötigt:	Papier und Stifte
Dauer:	30 bis 60 Minuten
Tipp:	Diese Form geistigen Yogas birgt keinerlei körperliche Verletzungsgefahr, kann bei Ungeübten aber zur Gefährdung eingefahrener Sichtweisen führen. Erhöht die geistige Beweglichkeit!

Ablauf:

1. Formulieren Sie die Aufgabenstellung in einem Satz und schreiben Sie diesen auf die linke Seite des Blattes.
2. Notieren Sie darunter spontane Lösungsideen zu dieser Aufgabe.
   Bei dieser Methode ist es besonders wichtig, das Offensichtliche sofort festzuhalten, da es sonst später in Ihren Gedanken herumspukt und von der neuen, umgekehrten Aufgabe ablenkt.
3. Stellen Sie nun die Aufgabe auf den Kopf. *Was wäre das genaue Gegenteil?* Was sollte auf gar keinen Fall geschehen? Schreiben Sie diese neue Fragestellung auf die rechte Seite.
4. Sammeln Sie Ideen zu dem verkehrten Problem.
   - Wie können Sie erreichen, dass der Worst Case eintritt?
   - Wie erzeugen Sie den absoluten Super-Gau?
   - Worauf müssen Sie dabei besonders achten?

   Notieren Sie alle Verschlechterungsvorschläge, Bedenken und Schwächen, die Ihnen einfallen. Lassen Sie auch ausgefallene Vorschläge zu und bemühen Sie sich, möglichst alle destruktiven Gedanken und Elemente aufzuspüren, die in der umgekehrten Aufgabe stecken.

5. Machen Sie eine kurze Pause, um diesen problemorientierten Zustand zu verlassen und sich wieder auf eine lösungsorientierte Sichtweise einzustellen. Gehen Sie spazieren. Tun Sie sich etwas Gutes.

6. Nun sehen Sie sich Ihre Listen an: Welche Ihrer destruktiven Gedanken lassen sich zu konstruktiven Ideen für die ursprüngliche Aufgabe umwandeln? Kehren Sie jeden negativen Einfall in sein Gegenteil um und prüfen Sie, inwiefern dieser neue Vorschlag Ihre Aufgabe lösen könnte. Entwickeln Sie mehrere Lösungsansätze auf der Basis dieser umgekehrten Problem-Ideen und wählen Sie die besten aus.

7. Welche konkreten Maßnahmen können Sie daraus ableiten? Planen Sie die ersten Schritte.

ÜBUNG

Stellen Sie Ihr Problem auf den Kopf!

❶ Ausgangsproblem:

❸ Umgekehrtes Problem:

❷ Spontane Lösungsansätze:

❺ Konstruktive Ideen:

❹ Verschlechterungsvorschläge:

❻ Maßnahmenplan:

Paradoxon

„Die wahre Prüfung einer erstklassigen Intelligenz ist die Fähigkeit,
zwei gegensätzliche Ideen im Kopf zu behalten und weiter zu funktionieren"
F. Scott Fitzgerald

Paradoxa machen uns unsicher. Wir haben gelernt, dass Gegensätze einander ausschließen. Schwarz – Weiß, gut – böse, Tag – Nacht: Unterscheidungen machen das Leben einfacher.

Sich vorzustellen, dass zwei widersprüchliche Ideen, Konzepte oder Bilder gleichzeitig existieren, geht über unser Vorstellungsvermögen.

Wenn wir dennoch versuchen, den Widerspruch zu vereinen, zwingen wir unseren Geist dazu, die normalen Bahnen der Alltagslogik zu verlassen. So können wirklich große, bahnbrechende Ideen entstehen. Eine der wichtigsten Eigenschaften kreativer Menschen ist daher ihre Toleranz gegenüber Widersprüchen.

Einsatz: fördert Phantasie, Spontanität und unkonventionelle Lösungsansätze

Benötigt: Papier und Stifte

Dauer: 30 Minuten

Tipp: Dies ist möglicherweise das schwierigste Werkzeug dieses Kapitels. Verzweifeln Sie nicht, wenn es nicht auf Anhieb klappt.

Ablauf:

1. Beschreiben Sie das Problem in einem Satz.
2. Worin besteht ein Widerspruch dieses Problems? Was ist daran paradox?
3. Was ist die Essenz dieses Paradoxons? Was ist der zugrunde liegende Gegensatz?
   Stellen Sie sich vor, Sie würden ein Buch darüber schreiben:
   Wie würde der knackige Titel dafür lauten?
4. Finden Sie Analogien (siehe Kapitel 5), die diese Essenz des Widerspruchs abbilden. Sammeln Sie möglichst viele vergleichbare Szenarien und wählen Sie das passendste aus.
5. Was macht dieses Szenario einzigartig?
   Was sind die wichtigsten Elemente der gefundenen Analogie? Was ihr Erfolgsgeheimnis?
6. Wenden Sie das einzigartige Erfolgsgeheimnis auf Ihre Aufgabenstellung an.
   Was könnte diese Eigenschaft oder dieses Verhalten für Ihr Problem bedeuten?
7. Welche der Ideen aus Schritt 6 sind umsetzbar? Was werden Sie tun?
   Welchen ersten Schritt können Sie schon innerhalb der nächsten 24 Stunden setzen?

Ein Beispiel zur Veranschaulichung: Das Coaching-Paradoxon

Als *Coachin* ist es meine Aufgabe, meinen Klientinnen und Klienten rasch zu helfen. Je weniger Coaching-Einheiten zur Lösung des Problems notwendig sind, desto besser habe ich gearbeitet. Manchmal reicht sogar ein einziges Gespräch.

Als *Unternehmerin* muss ich auf meinen Umsatz schauen. Je mehr Coaching-Sitzungen, desto höher meine Einnahmen. Als Coachin gut zu arbeiten bedeutet daher auf den ersten Blick, weniger zu verdienen. Ich fasse mein Dilemma so zusammen: *„Gute Arbeit = Kunde weg"*, oder *„Kunden rasch und sicher loswerden durch exzellente Arbeit. Eine Anleitung für Berater und Trainer."*

Wo ist es von unternehmerischem Vorteil, seine Kunden möglichst schnell loszuwerden?

Zum Beispiel an der Supermarktkasse oder im Personentransport. Dazu fällt mir meine letzte Reise nach Salzburg ein. Ich fuhr zum ersten Mal mit einem damals neuen österreichischen Bahnunternehmen und war dreifach positiv überrascht:
1. Der Preis war günstiger als bei den Österreichischen Bundesbahnen.
2. Der Service an Bord war besser.
3. Als es bei der Abfahrt in Wien Schwierigkeiten gab, reagierte das Unternehmen äußerst schnell und unbürokratisch. Die Fahrgäste wurden mit den U-Bahnen zur Stadtgrenze geschickt, wo ein Ersatzzug wartete. Reisende anderer Züge saßen noch Stunden später am Bahnhof fest.

Was bedeutet das in Bezug auf meine Coaching-Praxis?
1. Preislich bin ich ebenfalls recht günstig; das wissen meine Klienten zu schätzen.
2. Ich betrachte meine Klientinnen als Gäste. Tee, Kaffee und Kekse, manchmal auch Kuchen, sind für mich selbstverständlich. Was kann ich als zusätzlichen Service anbieten? Würde das tatsächlich mehr Klienten zu mir führen?
3. Während meiner Bahnfahrt wurden die Verspätungen der anderen Züge an den Bahnhöfen und im Radio angekündigt. Dass mein Zug mich schneller an mein Ziel brachte, war leicht zu erkennen. Aber wie lässt sich das aufs Coaching übertragen? Ein direkter Vergleich ist hier nicht möglich. Aber ich könnte die Dauer selbst aufzeigen und messbar machen. Zum Beispiel indem ich eine Besucherkarte gestalte, in der jeder Termin festgehalten wird. Wenn nach Beendigung des Coachings nur zwei oder drei Termine notiert sind, weiß der Klient auf einen Blick, wie schnell es ging. Ein gutes Argument für Weiterempfehlungen! So könnte ich das Paradoxon auflösen.

ÜBUNG

Wie lautet Ihr Paradoxon?

1. Beschreiben Sie Ihr Problem:

   _____

2. Finden Sie den Widerspruch:

   _____

3. Was ist die Essenz des Paradoxons? Notieren Sie hier den Buchtitel zu Ihrem Dilemma:

   _____

4. Finden Sie Analogien dazu:

   _____

   _____

   _____

5. Wählen Sie eine der Analogien aus: Was ist ihr Erfolgsgeheimnis?

   _____

   _____

   _____

6. Wenden Sie das Erfolgsgeheimnis auf Ihr Ausgangsproblem an:

   _____

   _____

   _____

7. Entscheiden Sie sich für eine Idee und planen Sie hier die ersten Umsetzungsschritte:

   _____

   _____

   _____

Die *po*-Methode

Das Wort *po* (klein geschrieben!) wurde vom britischen Denkforscher Edward de Bono erfunden. Man kann *po* als **p**rovokante **O**peration lesen, es ist aber auch in Wörtern wie Hy**po**these, **Po**tenzial und **Po**esie enthalten. De Bono schreibt in seiner *Neuen Denkschule*:

> *„Wenn wir urteilen, lehnen wir eine falsche Idee ab. Wenn wir uns bewegen, benutzen wir die Idee um ihres ‚Bewegungswertes' willen. Die Idee wird dann zum Trittstein, auf dem wir zu einem anderen Muster überwechseln."*

Bei diesem Werkzeug formulieren wir bewusst *provokante, unlogische* oder *absurde Aussagen* und Ideen und benutzen diese als *Trittstein* oder *Sprungbrett*, um zu neuen Einfällen zu kommen.

Einsatz:	um dem Denken in festgefahrenen Situationen eine neue Richtung zu geben
Benötigt:	Stift und Papier
Dauer:	30 bis 90 Minuten
Tipp:	Probieren Sie *po* auch einmal als Gedankenspiel im Freundeskreis aus! Wer die schönsten *po*-Provokationen findet, hat gewonnen.

Ablauf:

1. Entscheiden Sie, zu welchem Thema Sie Ideen sammeln möchten. Ihr Ziel kann bei dieser Methode so weit oder eng gefasst sein, wie Sie möchten. Finden Sie möglichst ein Schlagwort für Ihre Aufgabe und schreiben Sie es auf.
2. Formulieren Sie haarsträubende *po*-Provokationen zu Ihrem Thema, zum Beispiel durch *Umkehrung, Übertreibung, Verzerrung, Wunschdenken* oder *Unverschämtheit*

   Beispiele für *po*-Provokationen:
   - Die *po*-Bahn fährt unter den Schienen.
   - *po*-Eiswüfel sind flüssig.
   - Auf *po*-Geldscheinen steht kein Betrag.
   - *po*-Autos haben keine Räder.
   - Auf *po*-Briefen steht keine Adresse.
   - An der *po*-Bar gibt es nichts zu trinken.
   - *po*-Tische haben keine Beine.

3. Lassen Sie sich vom Bewegungswert Ihrer *po*-Provokationen inspirieren, indem Sie ...
    - das Prinzip der Idee ergründen:
      Was steckt eigentlich dahinter? Wie könnte das funktionieren?
    - den Folgen der Idee Schritt für Schritt nachgehen:
      Was wäre, wenn es wirklich so wäre? Welche Konsequenzen hätte es?
      Wer oder was wäre davon noch betroffen?
    - sich darauf konzentrieren, was an der Idee unnormal ist:
      Was ist es, das die Idee so verrückt erscheinen lässt?
      Warum kann das nicht so sein?
    - die positiven Aspekte der provokanten Idee herausstellen:
      Was wäre gut daran? Wer würde profitieren?
4. Notieren Sie alle neuen Ideen, die auf diese Weise entstehen. Selbst wenn Sie in dieser Phase keine realistischen Lösungsansätze finden, können Sie sie in einer zweiten Phase immer noch als neue Trittsteine verwenden.
5. Bleiben Sie dran, so lange Sie können. Wenn der Ideenfluss stockt, legen Sie eine kleine Pause ein. Am Ende dieser Session sollten Sie genug Material gesammelt haben, um sich für einen oder mehrere Lösungswege entscheiden zu können.
6. Planen Sie erste Schritte zur Umsetzung Ihrer Ideen.

po-Ventilatoren haben keine Rotorblätter

Ein schönes Beispiel einer genialen Produktinnovation ist der *Air Multifier* der Firma Dyson: „*po-Ventilatoren haben keine Rotorblätter*" könnte die ver-*rückte* Basisaussage dieser Entwicklung gewesen sein.

Photo © www.dyson.com

146 · Brainstorming for One

Hier wie versprochen die Lösungen der Laterale von Seite 134:

1. **Lösung:** *Romeo und Julia* sind Goldfische. Ein starker Luftzug riss das Zimmerfenster auf, wodurch das in der Nähe des Fensters stehende Goldfischglas zu Boden stürzte und zerbrach. Die Fische erstickten.

2. **Lösung:** *Der Mann* war zuvor mit mehreren Personen in einem Heißluftballon unterwegs. Dieser drohte abzustürzen, da nicht mehr genügend Gas im Tank war. Um Gewicht zu verlieren, warfen die Ballonfahrer allen Ballast und sogar ihre Kleidung über Bord. Als das nicht half, ließen sie das Los entscheiden: Der Mann zog das kleinste Streichholz und musste springen.

3. **Lösung:** *Kurt* ist kleinwüchsig. Wenn er alleine mit dem Aufzug fährt, kann er niemanden bitten, den Knopf für das zehnte Stockwerk zu drücken. Er selbst kann diesen nicht erreichen. Abwärts ist es leichter, da der Knopf für das Erdgeschoss ganz unten ist.

7. | Ideen aus der Tiefe

„Berühmt über Nacht wird nur,
wer tagsüber hart arbeitet."
Martin Voigtmann

Kennen Sie das? Sie stehen unter der Dusche, liegen entspannt auf dem Sofa oder sitzen im Autobus auf dem Weg nach Hause. Plötzlich, wie aus heiterem Himmel, fällt Ihnen die Lösung für ein Problem ein, das Sie schon seit langer Zeit beschäftigt. Woher kommt der unverhoffte Geistesblitz?

In diesem Kapitel werde ich Ihnen einige Werkzeuge vorstellen, mit denen Sie derartige *Aha-Erlebnisse* bewusst und willentlich herbeiführen können. Sie lernen, Ihr unbewusstes Wissen auf direkte Weise anzuzapfen und Ideen aus den tiefsten Tiefen hervorzuholen. Man könnte dies als Königsdisziplin der Ideenfindung bezeichnen. Wenn Sie alle Übungen in diesem Buch durchgeführt haben, sind Sie jetzt gut darauf vorbereitet.

Inhalt von Kapitel 7

Dies sind die Themen, Übungen und Werkzeuge, die Sie auf der Entdeckungsreise in Ihr Unbewusstes begleiten werden und Ihnen helfen sollen, die dort verborgenen Schätze zu heben:

Information

The Three Bs: Wo ist Ihr Ideenreich? 149

Aufwärmübungen

Bei drei auf den Bäumen 151

Werkzeuge

Kreative Träume 153
Dalí-Technik 156
Die drei Türen 158
Die Wunderfrage 160
Ihr persönlicher Beraterstab 162

The Three Bs: Wo ist Ihr *Ideenreich?*

„Phantasie ist wichtiger als Wissen,
denn Wissen ist begrenzt."
Albert Einstein

The Three Bs sind keine Band der 1960er-Jahre. Sie stehen für jene Orte, an denen viele Menschen ihre besten Ideen entwickeln:

1. Bus
2. Bett
3. Badezimmer

Woran liegt es, dass wir die besten Einfälle an diesen ungewöhnlichen Orten haben? Die Antwort darauf liegt im Phänomen der *Inkubation* (von lat. *incubare* = *ausbrüten*). Wenn wir uns eine Weile bewusst mit einem Problem beschäftigt, alle zugänglichen Informationen eingeholt und alle Aspekte beleuchtet haben, hat unser Unbewusstes eine Fülle von Daten abgespeichert. Sobald wir uns nach getaner Arbeit eine Pause gönnen, beginnt es ganz von selbst, die Informationen zu bearbeiten, zu strukturieren und mit anderen Inhalten zu verknüpfen.

Das Unbewusste nimmt wesentlich mehr Informationen auf, als wir bewusst erfassen und logisch verarbeiten können. Unsere Sinnesorgane empfangen in jeder wachen Sekunde 11 Millionen Bits an Daten. Alleine 10 Millionen dieser kleinsten Signale steuern unsere Augen bei. Allerdings gelangen maximal 50 Bits davon in unser Bewusstsein. Verglichen mit einer Strecke von 11 Kilometern (gesamte Wahrnehmung) entspräche das Bewusstsein also lediglich 5 Zentimetern. Wenn wir laut lesen, sind es gerade mal 3 Zentimeter (30 Bits), und beim Rechnen gar nur 12 Millimeter (12 Bits). Der Rest wird einfach ausgefiltert. Dieser Filterprozess ist immens wichtig, sonst wäre unser Gehirn vollkommen überfordert und wir könnten die einfachsten Alltagstätigkeiten nicht mehr ausführen.

Gut, dass wir das Unbewusste haben, das den Rest der Daten aufnimmt. Durch das Mehr an Inhalten kann es mehr Verbindungen schaffen, auf die wir durch logisches Denken gar nicht kommen könnten. So finden wir manchmal überraschende Lösungen buchstäblich im Schlaf, vorausgesetzt wir sind gut auf das Thema vorbereitet. Dies ist der Grund, warum ich meinen Seminar-Teilnehmern empfehle, immer einen Notizblock mitzuführen und auch auf dem Nachtkästchen stets Schreibzeug bereitzuhalten. Man weiß eben nie, wann das Unbewusste *ausgebrütet* hat und uns den Einfall präsentiert.

Das berühmteste Beispiel für eines der *Three Bs* ist die Geschichte des griechischen Mathematikers Archimedes von Syrakus, die viele von Ihnen wahrscheinlich schon kennen:

König Hieron II beauftragte Archimedes herauszufinden, ob seine Krone wie bestellt aus reinem Gold sei. Natürlich ohne diese zu zerstören. Archimedes dachte lange über diese Frage nach und kam zu keiner Lösung. Bis er eines Tages beschloss, die Sache ruhen zu lassen und sich in einem heißen Bad zu entspannen.

Kaum lag er in der Wanne, entdeckte er das *Prinzip der Verdrängung*: Ein Körper verdrängt genau so viel Wasser, wie es seinem Volumen entspricht. Bei gleichem Gewicht verdrängt also ein Gegenstand mit hoher Dichte, etwa aus purem Gold, weniger Wasser als einer mit geringerer Dichte, also aus einer leichteren Legierung. Er probierte es aus und siehe da: Die Krone verdrängte mehr Wasser als die gleiche Menge reinen Goldes. Der Legende nach soll Archimedes nackt und tropfend durch die Straßen gelaufen sein und *„Heureka! Ich hab's (gefunden)!"* ausgerufen haben. Nicht überliefert ist, was danach mit dem betrügerischen Goldschmied geschah.

Bei drei auf den Bäumen

„Es möge dir nicht lästig erscheinen, manchmal stehen zu bleiben und auf die Mauerflecken hinzusehen oder in die Asche im Feuer, in die Wolken oder in den Schlamm [...]. Durch verworrene und unbestimmte Dinge wird nämlich der Geist zu neuen Erfindungen wach."

Leonardo da Vinci

Wie üblich wollen wir der Phantasie zunächst mit einer kleinen Aufwärmübung auf die Sprünge helfen. Diesmal geht es darum, Dinge zu erkennen, die gar nicht da sind. Die Fähigkeit, in bedeutungslosen Mustern Gesichter, Tiere oder Gegenstände zu erkennen, basiert auf der Tendenz des menschlichen Bewusstseins, komplizierte und abstrakte Formen mit Sinn und Bedeutung zu versehen. Die sogenannte *Pareidolie* könnte uns einen deutlichen Überlebensvorteil verschafft haben: Besser einen Säbelzahntiger zu viel im Gebüsch entdecken als einen zu wenig.

Die *Cloud Appreciation Society* (Gesellschaft der Wolkenliebhaber; ja, so etwas gibt es), hat dazu übrigens vor Kurzem ein Buch veröffentlicht: *Clouds that look like things.*

Auch im Geäst der Bäume kann man allerlei Gestalten erkennen. Auf der Seite 192 finden Sie ein Foto, mit dem Sie es gleich ausprobieren können. Noch schöner ist es natürlich, die Phantasie bei einem Spaziergang im Grünen anzuregen. Sie werden staunen, was Sie dabei alles entdecken können!

Einsatz:	zur Auflockerung und als kreative Pause.
Benötigt:	festes Schuhwerk und warme Kleidung, eventuell einen Fotoapparat, um eigene natürliche Muster aufzunehmen; bunte Stifte für die Nachbearbeitung zu Hause
Dauer:	30 bis 90 Minuten
Tipp:	Sie können die entdeckten Dinge, Pflanzen, Tiere oder Menschen farbig ausgestalten oder – zum Beispiel wenn Sie unterwegs sind – einfach nur in Ihrer Phantasie entstehen lassen. Bei dieser Übung geht es eher um den Prozess des Imaginierens als um das fertige Gemälde.

Ablauf:

1. Machen Sie einen ausgedehnten Spaziergang in der Natur. Wenn Sie möchten, können Sie eine Kamera mitnehmen, um interessante Strukturen zu fotografieren und später zu bearbeiten.
2. Sollte das Wetter nicht passen oder ein Spaziergang aus anderen Gründen nicht möglich sein, benutzen Sie das Foto auf der nächsten Seite.

3. Schauen Sie in das Geäst der laubfreien Bäume. Können Sie in der Struktur der dunklen Linien etwas erkennen? Wenn nicht, drehen Sie das Blatt (oder den Kopf) um 90 Grad. Ist jetzt etwas zu sehen? Drehen Sie weiter, bis Ihnen etwas ins Auge sticht: ein Gesicht, ein Körperteil, ein Tier, eine Pflanze oder ein Gegenstand.
4. Sie müssen anfangs noch gar nicht die komplette Form erkennen. Vielleicht finden Sie einen interessanten Teil – ein Auge, eine Nase, einen Flügel. Beginnen Sie Ihre Zeichnung damit und suchen Sie nach Verbindungen, durch die Sie den Entwurf weiterentwickeln können.
5. Stellen Sie das Bild entweder im Geiste oder mit bunten Stiften auf dem Papier fertig.

ÜBUNG

Probieren Sie die Übung gleich mit diesem Foto aus.

Weitere Baumkronenbilder finden Sie unter ↗ http://www.junfermann.de

Kreative Träume

„Wenn wir träumen, betreten wir eine Welt,
die ganz und gar uns gehört."
Albus Dumbledore in J. K. Rowling,
Harry Potter und der Gefangene von Askaban

Erst mal drüber schlafen – egal ob Sie eine schwierige Entscheidung treffen müssen oder eine kreative Lösung für eine Aufgabe suchen, diese Herangehensweise dürfte sich fast immer lohnen.

Ullrich Wagner und seine Kollegen von der Universität Lübeck stellten fest, dass Probandinnen und Probanden die Lösung eines mathematischen Problems eher fanden, wenn sie vorher darüber schlafen durften. Und dies unabhängig vom Grad der Müdigkeit und von anderen Einflussfaktoren.

Der bewusste Geist ist mit komplexen Problemen überfordert. Zu viel Nachdenken kann zu teuren Fehlentscheidungen führen, wie auch Ap Dijksterhuis und sein Team an der Universität Amsterdam feststellten. Wenn wir mit der Lösung später noch zufrieden sein wollen, sollten wir nur einfache Entscheidungen allein unserem logischen Denken und Abwägen überlassen.

Falls Ihr Chef Sie rügt, wenn Sie wieder einmal verschlafen haben, antworten Sie einfach: „Ich habe hart gearbeitet, um ein bestimmtes Problem zu lösen."

Um im Traum eine kreative Lösung aus dem Unbewussten zu empfangen, müssen Sie sich davor jedoch gründlich mit dem Problem auseinandergesetzt haben. Sie haben die Aufgabe mehrmals durchdacht, alle Informationen gesammelt, Ihre ersten Ideen notiert und vielleicht auch schon das eine oder andere Werkzeug aus diesem Buch benutzt, um das Thema zu vertiefen. Nun können Sie es Ihrem Unbewussten übergeben.

> **Einsatz:** nach getaner Arbeit
> **Benötigt:** ein Bett, Papier und Stifte auf dem Nachttisch, eine Lampe
> **Dauer:** 6 bis 8 Stunden, je nach Schlafbedarf
> **Tipp:** Je öfter Sie Ihre Träume aufschreiben und analysieren, desto besser werden Sie sich an Details erinnern. Wenn Sie mit dieser Technik arbeiten möchten, empfehle ich Ihnen, ein tägliches Traumtagebuch zu führen.

Ablauf:

1. Formulieren Sie eine konkrete Fragestellung zu Ihrem Problem. Schreiben Sie diese mehrmals auf und konzentrieren Sie sich während der Einschlafphase auf die Aufgabe. Übergeben Sie Ihrem Unbewussten den Auftrag, über Nacht eine Lösung zu finden.
2. Lassen Sie los und schlummern Sie ein … zzzzzzzzzzzzzzzzzzzzzzzzzzzzzzzzzzzzzzzzz zzzzzzzzzzzzzzzzzzzzzzzzzzzzzzzzzzzzzzzzzzzzzzzzzzzzzzzzzzzzzzzzzzzzzzzzzzzzzzzzzzzzz zzzzzzzzzzzzzzzzzzzzzzzzzzzzzzzzzzzzzzzzzzzzz
3. Bleiben Sie nach dem Aufwachen ruhig liegen und denken Sie über Ihre Träume nach. Versuchen Sie, sich an möglichst viele Einzelheiten zu erinnern.
4. Notieren Sie alle Träume in Ihrem Traumtagebuch.
5. Während des Frühstücks analysieren Sie die aufgezeichneten Träume:
   - Wer waren die Hauptakteure in dem Traum?
   - Welche Assoziationen löst das Geträumte aus?
   - Verändert der Traum die Fragestellung in irgendeiner Weise?
   - Welche Elemente daraus könnten Ihnen dabei helfen, das Problem zu lösen?
   - Wie hängen die Personen, Orte und Ereignisse des Traums mit der Aufgabe zusammen?
   - Welche Antworten haben Sie im Traum gefunden?
6. Wählen Sie eines oder zwei Ihrer Traum-Bilder aus und assoziieren Sie frei dazu.
   - Was könnte das in Bezug auf Ihr Problem bedeuten?
7. Wenn Sie im Traum bereits die Lösung gefunden haben, ist es jetzt an der Zeit, sie umzusetzen. Wenn nicht, müssen Sie vielleicht zusätzliche Informationen sammeln und noch einmal darüber schlafen.

Verschachtelte Daten

Vor einigen Jahren arbeitete ich als Webdesignerin in einer Multimedia-Agentur. Meine Hauptaufgaben waren die Planung der Benutzerführung und die grafische Gestaltung des Interface. Ab und zu musste ich aber auch selbst HTML-Seiten erstellen und kleinere Skripte und Datenbankabfragen schreiben. Eines Abends steckte ich in so einer Situation fest. Ich hatte mir vorgenommen, das Problem selbst zu lösen, da unser Programmierer im Urlaub war, aber die Aufgabe schien für meine begrenzten Kenntnisse in PHP und MySQL zu komplex zu sein. Stundenlang probierte ich unterschiedliche Abfragestrukturen aus, bekam aber immer falsche (oder gar keine) Resultate. Irgendwann gab ich auf und ging enttäuscht nach Hause. In der Nacht träumte ich von Schachteln. Die rechteckigen Kisten hatten unterschiedliche Größen und Farben, steckten teilweise ineinander oder waren übereinandergestapelt. Das Tolle daran war: Jede dieser Boxen entsprach einem kleinen Teil meiner Programmieraufgabe! Nach dem Aufwachen skizzierte ich die geträumte Struktur und beschriftete meine Boxen mit den jeweiligen Inhalten. Im Büro machte ich mich sofort daran, den ver*schachtelten* Ablauf in PHP umzusetzen. Und siehe da: Es funktionierte!

ÜBUNG

Hier ist Raum für Ihre Träume.

Dalí-Technik

Nicht nur im Traum können wir Ideen aus dem Unbewussten empfangen, bereits in den Momenten vor dem Einschlafen setzen traumähnliche Gedanken ein. Leider vergessen wir die Einfälle aus dieser Zeit häufig bis zum nächsten Morgen.

Mit diesem Werkzeug, das auf den spanischen Surrealisten Salvador Dalí zurückgehen soll (manche meinen, schon da Vinci hätte es genutzt), versetzen Sie sich bewusst und willentlich in eine Vorschlafphase, ohne tatsächlich einzuschlafen. So können Sie alle Ideen aus diesem Zustand einfangen und nutzen.

Einsatz:	zum Anzapfen unbewusster Ressourcen und unbewussten Wissens
Benötigt:	bequemer Stuhl, Papier und Stifte; eventuell ein kleiner Metallgegenstand
Dauer:	15 bis 20 Minuten
Tipp:	Entspannungstechniken wie *Autogenes Training* oder *Progressive Muskelentspannung* können Ihnen helfen, in den bei dieser Methode angestrebten Modus zu kommen.

Ablauf:

1. Definieren Sie die Aufgabenstellung und denken Sie eine Weile darüber nach:
   - Was haben Sie bereits gelöst?
   - Was müssen Sie noch lösen?
   - Welche Hindernisse gibt es?
   - Welche Alternativen haben Sie schon durchdacht?

2. Lassen Sie das Problem los und entspannen Sie sich. Legen Sie Schreibzeug in Griffweite und machen Sie es sich auf dem Stuhl bequem.
   Sollten Sie leicht einschlafen, nehmen Sie einen kleinen Metallgegenstand in die Hand, zum Beispiel einen Löffel oder ein Schlüsselbund. Sobald Ihre Muskeln entspannen und Sie beginnen einzuschlafen, wird der Gegenstand in Ihrer Hand zu Boden fallen und das Geräusch Sie aus dem Schlummer reißen. So können Sie vermeiden, tagsüber zu lange zu schlafen und dabei in die Tiefschlafphase zu kommen. Aus der kommen Sie nämlich so leicht nicht heraus. Ein kreatives Mittagsschläfchen – neudeutsch *Powernapping* – sollte nie länger als 15 bis 20 Minuten dauern.

3. Schließen Sie die Augen und lassen Sie Ihren Geist zur Ruhe kommen. Seien Sie komplett passiv. Sie sollten einen Zustand erreichen, der völlig frei von jeglicher bewusster Aufmerksamkeit ist.

4. Lassen Sie aus dem Unbewussten Bilder, Geräusche, Gerüche oder andere Sinneseindrücke auftauchen.
5. Notieren Sie alle Eindrücke sofort. Viele dieser inneren Bilder verschwinden rasch wieder, daher ist es wichtig, sie gleich festzuhalten. Schreiben Sie alle Gedanken, Gefühle und spontanen Assoziationen nach dem Erlebnis auf und suchen Sie nach Verbindungen zu Ihrer Aufgabe. Ihre Vorschlaf-Visionen sind Botschaften, die Ihre unbewussten Anteile Ihnen schicken, um Ihr Problem zu lösen. Finden Sie den Sinn im scheinbar Unsinnigen.
6. Wiederholen Sie den Vorgang, bis Sie einen brauchbaren Lösungsansatz gefunden haben.
7. Setzen Sie die Lösung um.

Das kreative Mittagsschläfchen eignet sich nicht nur hervorragend zur Ideenfindung, es ist noch dazu gesund! Göran Hajak, Leiter des Schlafmedizinischen Zentrums der Universität Regensburg, meint dazu:

„Menschen, die mittags kurz schlafen, sind leistungsfähiger, leben gesünder, erkranken seltener an Depressionen oder Infektionskrankheiten und erfreuen sich einer insgesamt besseren Befindlichkeit."

Das Mittagstief ist Teil unserer inneren Uhr. Mit steigendem Alter nimmt unsere Tendenz, mittags müde zu werden, sogar noch zu. Bestes Gegenmittel: ein kurzes Schläfchen. Das hilft auch gegen Stress, wie man in Asien und Amerika schon lange weiß. Dort gehört der mittägliche Schlummer in vielen Firmen bereits zum Alltag.

Die drei Türen

Bei dieser Methode aus Michael Michalkos *Thinkertoys* gehen wir bewusst Stufe für Stufe tiefer in unser Unbewusstes, um dort Inspiration für eine Fragestellung zu finden. Die letzte Stufe bietet oft die bedeutsamsten Bilder und Assoziationen.

Einsatz:	zum Anzapfen des unbewussten Wissensschatzes, wenn das bewusste Denken keine Antworten mehr findet
Benötigt:	ein bequemer Stuhl an einem ungestörten, ruhigen Platz; Papier und Stifte für Notizen
Dauer:	30 Minuten
Tipp:	Wenn Sie möchten, können Sie natürlich noch tiefer in Ihr Unbewusstes eindringen, indem Sie weitere Türen durchschreiten.

Ablauf:

1. Formulieren Sie eine Frage, über die Sie nachdenken möchten, und schreiben Sie diese auf.
2. Schließen Sie die Türe, schalten Sie das Telefon ab und machen Sie es sich auf Ihrem Denk-Stuhl bequem.
3. Entspannen Sie sich, schließen Sie die Augen und atmen Sie ein paar Mal tief ein und aus, bis Ihr Körper sich leicht anfühlt und alle Probleme in weite Ferne gerückt scheinen.
4. Nun stellen Sie sich vor, dass Sie in einem langen Gang stehen. Sie werden nacheinander drei Türen durchschreiten und in drei Räume gelangen. Vor Ihnen liegt die erste Tür.
5. Gehen Sie langsam auf die erste Tür zu und öffnen Sie diese. Betreten Sie den Raum hinter der Tür und sehen Sie sich um. Was finden Sie in diesem Raum?
6. An der rückwärtigen Wand erkennen Sie eine weitere Tür. Sie gehen wieder langsam darauf zu, öffnen sie und betreten den zweiten Raum.
   - Was können Sie erkennen?
   - Was fällt Ihnen auf?
7. Sie gehen weiter und gelangen am Ende des Raumes zu einer dritten Tür. Sie drücken die Klinke langsam herunter und betreten den dritten Raum. Erforschen Sie diesen Raum mit Ihrer Wahrnehmung und notieren Sie im Geiste alle Eindrücke und Bilder.
8. Sie sind am Ende dieses Weges angekommen. In wenigen Atemzügen werden Sie sich in Ihrem Haus, Ihrem Arbeitszimmer, Ihrem Denk-Stuhl wiederfinden. Alle Eindrücke und Inspirationen Ihres Weges nehmen Sie mit.
9. Kehren Sie zurück in Ihr Wachbewusstsein. Bewegen Sie die Zehen und Finger, strecken Sie sich und öffnen Sie die Augen.
10. Notieren Sie alles, was Sie auf dieser Reise gesehen, gehört, gerochen, gefühlt, geschmeckt und getan haben. Es sind Botschaften Ihres Unbewussten an Sie, die Ihnen helfen sollen, Ihr Problem zu lösen.

Ideen aus der Tiefe · 159

11. Suchen Sie nach Verbindungen Ihrer Eindrücke zur Aufgabenstellung. Finden Sie nützliche Assoziationen und Ideen.
   - Was wollte Ihr Unbewusstes Ihnen mitteilen?
   - Welche Lösung schlägt es vor?
12. Notieren Sie alle Einfälle und Gedanken und prüfen Sie, auf welche Weise sie Ihnen dabei helfen können, die Aufgabe zu meistern.

ÜBUNG

Was verbirgt sich hinter Ihren Türen?

Erste Tür:

_____

_____

_____

_____

Zweite Tür:

_____

_____

_____

_____

Dritte Tür:

_____

_____

_____

_____

Die Wunderfrage

Die *Wunderfrage* wurde von Steve de Shazer und Insoo Kim Berg entwickelt. Sie ist eine wichtige Technik der systemischen Kurzzeittherapie und wird im Coaching gerne verwendet, um komplexe Probleme rasch aufzulösen. Als Kreativitätswerkzeug kann sie dabei helfen, Denkverbote aufzuheben und ungewöhnliche, aber dennoch erreichbare Lösungen zu finden.

Einsatz:	wenn Sie denken, dass Ihnen nur noch ein Wunder helfen kann
Benötigt:	bequemer Stuhl, Papier und Stifte
Dauer:	20 bis 60 Minuten
Tipp:	Vor allem am Anfang einer schwierigen Aufgabe kann dieses Werkzeug wahre Wunder wirken!

Ablauf:

1. Definieren Sie die Aufgabenstellung und notieren Sie sie auf einem großen Blatt.
2. Machen Sie es sich gemütlich und lesen Sie den Text auf der nächsten Seite *gaaaanz laaangsaaam* durch. Auslassungspunkte stellen Atempausen dar. Lassen Sie es zu, dass die Worte Sie in eine angenehme, leichte Trance versetzen. Beantworten Sie die im Text formulierten Fragen zunächst nur in Ihrem Geist.
3. Wenn Sie den Text zu Ende gelesen haben, können Sie nun Ihre Antworten aufschreiben. Lesen Sie als Erinnerung an die einzelnen Fragen den Text nochmals in normaler Geschwindigkeit durch und notieren Sie Ihre Ideen.
4. Machen Sie eine Pause.
5. Wenn Sie Ihre Notizen zu einem späteren Zeitpunkt nochmals durchlesen und auswerten, werden Sie bemerken, dass einige Ihrer Einfälle durchaus realistisch sind und Sie kein Wunder benötigen, um das Problem zu lösen.
   - Welche neuen Perspektiven ergeben sich durch die Wunder-Lösung?
   - Welche neuen Einsichten konnten Sie am *Tag nach dem Wunder* gewinnen?
   - Welche außergewöhnlichen Lösungsansätze könnten sich dadurch ergeben?
6. Seien Sie Ihre eigene gute Fee und setzen Sie die beste Lösung um.

ÜBUNG

Die Wunderfrage

Nehmen wir an … nachdem Sie dieses Kapitel beendet haben, schließen Sie das Buch und wenden sich anderen Dingen zu … Sie tun, was Sie auch sonst tun würden … und schließlich … gehen Sie nach Hause und machen es sich gemütlich … essen zu Abend … putzen die Zähne … ziehen den Schlafanzug an … und irgendwann … gehen Sie zu Bett und schlafen ein … Und während Sie schlafen, passiert ein Wunder … und das Problem, über das Sie eben nachgedacht haben, ist weg. **Schnipp!** … Aber das passiert, während Sie schlafen, und daher können Sie nicht wissen, dass das Wunder geschehen ist … Wenn Sie am Morgen erwachen, wie werden Sie entdecken, dass das Wunder geschehen ist?

_____

Woran werden andere Personen erkennen, dass es passiert ist? _____

Welche Personen bemerken es als Allererstes? _____

Welche erst später? _____

Wer merkt gar nichts? _____

Wie reagiert Ihr Umfeld auf die Wunder-Lösung? _____

Was tun die betroffenen Personen, das sie bisher nicht getan haben?

_____

Inwiefern verändert sich dadurch Ihr Verhalten? Was tun Sie nun, das Sie bisher nicht getan haben?

_____

In welcher Art und Weise haben sich Vorboten des Wunders oder Teile davon bereits davor gezeigt und die Entwicklung angekündigt?

_____

Wie geht es Ihnen nach dem Wunder? _____

_____

_____

Bei der Wunderfrage geht es vor allem darum, aus einem Problemzustand herauszukommen und einen Zielzustand zu erleben. Sobald man eine Lösung erträumen kann, ist man der Verwirklichung schon etwas näher. Die notwendigen Schritte bis zum Ziel ergeben sich dann häufig völlig zwanglos.

Ihr persönlicher Beraterstab

Manche Probleme sind alleine schwer zu lösen. Oft möchten wir uns mit Menschen austauschen, die einen gänzlich anderen Blick auf die Materie haben. Manchmal genügt allerdings auch ein imaginärer innerer Verbündeter, um neues Licht auf das Problem zu werfen.

Einsatz: wenn Sie das Problem mit einer anderen Person durchsprechen und eine zweite Meinung einholen möchten

Benötigt: Papier und Stifte; Fotos, Zitate und Anekdoten Ihrer inneren Berater; eventuell mehrere Stühle, auf denen Ihr Beraterstab Platz nehmen kann

Dauer: 10 Minuten bis mehrere Stunden

Tipp: Ihr Expertenteam kann auch fiktive Persönlichkeiten enthalten. Zu meinen Beraterinnen zählen zum Beispiel Pippi Langstrumpf und Alice im Wunderland.

Die Vorbereitung für diese Technik ist etwas aufwendiger, denn Sie müssen sich zunächst Ihren eigenen Beraterstab zusammenstellen. Wählen Sie drei bis fünf Experten Ihres Berufsfeldes, Erfinder, Geschäftsleute, Abenteurer oder Politiker, die Sie bewundern. Suchen Sie in Magazinen, Büchern oder im Internet nach Fotos dieser Personen und heften Sie sie an Ihre Pinnwand oder eine andere Stelle, die Sie häufig sehen. Suchen Sie nach Informationen über Ihre Vorbilder. Lesen Sie ihre Biografien und Veröffentlichungen sowie die Meinungen ihrer Kritiker. Notieren Sie wichtige Passagen aus diesen Texten und legen Sie eine Zitate-Sammlung zu den Personen an. Achten Sie vor allem auf die Methoden und Techniken, die sie anwenden oder angewendet haben, um Probleme zu lösen. Erstellen Sie eine Personalakte zu jedem Ihrer zukünftigen Berater.

Wann immer Sie mit einer Herausforderung konfrontiert sind, die Sie nicht alleine lösen möchten, konsultieren Sie Ihren Beraterstab.

Ablauf:

1. Bereiten Sie das Meeting mit Ihren Beratern so vor, als wollten Sie eine ganz normale Geschäftsbesprechung abhalten. Verfassen Sie eine schriftliche Agenda, die Ihre Aufgabenstellung beinhaltet. Wenn Sie möchten, können Sie für jeden Ihrer Berater einen eigenen Stuhl bereitstellen.
2. Versammeln Sie das virtuelle Team um sich und beginnen Sie die Besprechung, indem Sie Ihre Gäste begrüßen und das Thema kurz vorstellen. Sprechen Sie mit Ihren Beratern so, wie Sie es auch im wirklichen Leben tun würden.

Ideen aus der Tiefe · 163

3. Um sich besser in die einzelnen Charaktere hineinversetzen zu können, nehmen Sie auf deren Stuhl Platz. So können Sie das Problem mit den Augen der jeweiligen Person betrachten und kommentieren. Wie würde sie die Aufgabe lösen?
4. Notieren Sie alle Gesprächsbeiträge Ihrer Berater und prüfen Sie, wie Sie deren Lösungsvorschläge in die Praxis umsetzen können. Hören Sie auf Ihr Beraterteam!

ÜBUNG

Fertigen Sie Steckbriefe Ihrer virtuellen Berater an!

Name: _____

Geburtsdatum: _____

Beruf: _____

Besondere Fähigkeiten: _____

Außergewöhnliche Leistungen: _____

Im Beraterteam weil: _____

_____

Lieblingszitate:

_____

_____

_____

_____

Name: _____

Geburtsdatum: _____

Beruf: _____

Besondere Fähigkeiten: _____

Außergewöhnliche Leistungen: _____

Im Beraterteam weil: _____

_____

Lieblingszitate:

_____

_____

_____

_____

Name: _____

Geburtsdatum: _____

Beruf: _____

Besondere Fähigkeiten: _____

Außergewöhnliche Leistungen: _____

Im Beraterteam weil: _____

_____

Lieblingszitate:

_____

_____

_____

_____

8. | Ideen mit System

„Die Freiheit der Phantasie ist keine Flucht in das Unwirkliche; sie ist Kühnheit und Erfindung."
Eugène Ionesco

Die meisten Werkzeuge, die Sie bis jetzt kennengelernt haben, zählen zu den *intuitiven Techniken* (von lat. *intueri = betrachten, erwägen*). Hier ist die Idee nicht das Ergebnis eines logisch aufgebauten Denkprozesses, sondern sie entsteht spontan aus dem Unbewussten, aus Ihrer Intuition. Viele Probleme des täglichen Lebens lassen sich mit diesen Methoden hervorragend lösen.

Für Produktverbesserungen und den Umgang mit Qualitätsproblemen kann es aber lohnend sein, sich der Lösung systematischer zu nähern. Das folgende Kapitel beinhaltet Denkwerkzeuge, mit denen Sie durch logisch fortschreitendes Denken Ideen und Erkenntnisse gewinnen. Sie werden *diskursive Techniken* genannt (von lat. *discursivius = fortschreitend erörternd*).

Inhalt von Kapitel 8

Fortschreitend aufgebaut sind auch die Übungen und Werkzeuge dieses Kapitels:

Aufwärmübung

Amama Pau 167

Werkzeug

Morphologische Matrix 168
Lotosblüte 173
Osborn-Checkliste 175
Phönix-Fragen 179
Progressive Abstraktion 182
Walt-Disney-Methode 185

Amama Pau

Diese Übung stammt aus dem hawaiianischen Schamanismus. Dort wird sie als Ritual verwendet, um Konflikte zu lösen und festgefahrene Situationen zu harmonisieren. Ich nutze das Werkzeug gerne zur Einstimmung auf die in diesem Kapitel vorgestellten *diskursiven Techniken*, da es hilft, die Gedanken zu klären und das Chaos im Kopf zu ordnen.

„Amama Pau" bedeutet wörtlich *„Danke, fertig"*, wird aber in dieser Kombination meist mit *„So sei es!"* übersetzt.

Einsatz:	zur Klärung, Auflösung und Harmonisierung komplexer Problemstellungen
Benötigt:	12 bis 15 Alltagsgegenstände
Dauer:	30 Minuten
Tipp:	In Hawaii werden Steine, Muscheln und andere Fundstücke verwendet. Ich nehme einfach Dinge, dich ich gerade zur Hand habe, zum Beispiel Kugelschreiber, Klebestifte, mein Handy, Post-it-Zettel, Leuchtstifte, Büroklammern etc.

Ablauf:

1. Überlegen Sie, welches Problem Sie mit dieser Übung klären oder lösen möchten.
2. Suchen Sie 12 bis 15 unbedeutende Gegenstände aus Ihrer Umgebung zusammen und verteilen Sie diese völlig ungeordnet, nach dem Zufallsprinzip auf einer großen Arbeitsfläche, zum Beispiel auf Ihrem Schreibtisch. Die Hawaiianer werfen ihre Objekte auf ein großes Tuch, was nur zu empfehlen ist, wenn nichts Zerbrechliches dabei ist.
3. Diese Anordnung repräsentiert die Ausgangssituation. *Interpretieren Sie nicht!* Stellen Sie keinerlei Bezug zu Teilen, Objekten oder Personen des Problems her. Die Gegenstände sind, was sie sind. Kugelschreiber, Klebestift, Handy. Die Anordnung hat keine Bedeutung.
4. Beginnen Sie nun, die Gegenstände umzuordnen. Sie können ein Mandala legen, Türme bilden oder einfach eine neue Ordnung schaffen. Schieben Sie jeden Gegenstand so lange herum, bis die Anordnung Ihnen gefällt. Wieder gilt: Das neue Muster hat keinerlei intellektuelle Bedeutung. Es geht lediglich um ein ästhetisches Harmonisieren.
5. Wenn jeder Gegenstand am richtigen Ort liegt und Sie mit dem Gesamtbild zufrieden sind, sagen Sie laut *„Amama Pau"* und lösen das Muster wieder auf.

Morphologische Matrix

Die *Morphologische Matrix* geht auf den Schweizer Astrophysiker Fritz Zwicky zurück. Bei dieser Methode wird die Aufgabe zunächst schematisch in ihre einzelnen Bestandteile zerlegt. Dann werden mögliche Eigenschaften wie Materialien, Farben oder Formate dieser Elemente aufgelistet und untereinander kombiniert, bis eine optimale Lösung gefunden ist.

Das Wort *Morphologie* kommt vom griechischen *morphe (= Form, Gestalt)* und bedeutet *Lehre von der Formenbildung.*

Einsatz:	zur Produktentwicklung und -verbesserung, zum Ausbau von Produkt- oder Angebotslinien
Benötigt:	ein Stift und das Formular auf Seite 172
	Das Formular finden Sie auch zum Download auf ↗ http://www.junfermann.de.
Dauer:	30 bis 90 Minuten
Tipp:	Meist wird diese Technik bei komplexen Aufgabenstellungen im beruflichen Kontext eingesetzt. In diesem Fall kann es notwendig sein, nach der ersten Ideensammlung Experten in die Entscheidung einzubinden, die die technische Machbarkeit, die anfallenden Kosten oder die Vermarktungschancen einschätzen können.

Ablauf:

1. Beschreiben Sie das Problem und suchen Sie nach möglichen Verallgemeinerungen für die Aufgabe.
2. Zerlegen Sie die Aufgabe in einzelne Bestandteile, die das zu verbessernde Produkt oder das zu bearbeitende Problem in ihrer Gesamtheit darstellen. Achten Sie darauf, nur Elemente auszuwählen, die Sie wirklich beeinflussen können und die weitgehend unabhängig voneinander sind. Schreiben sie die einzelnen Komponenten in die erste Spalte der Matrix.
3. Sammeln Sie unterschiedliche Eigenschaften oder Merkmale, die diese Elemente annehmen können, und notieren Sie diese in der jeweiligen Zeile. Lassen Sie dabei auch unkonventionelle oder auf den ersten Blick unrealistische Lösungen zu. Wie bei jeder anderen Technik gilt auch hier: Erst sammeln, dann beurteilen.
4. Bestimmen Sie mögliche Kombinationen. Lassen Sie Ihren Blick ganz entspannt über die Matrix wandern und wählen Sie ohne nachzudenken einen oder mehrere Wege aus. In vielen Fällen kann es sich auch lohnen, systematisch vorzugehen und wirklich jede denkbare Kombination im Geist oder auf einem Extrablatt durchzuspielen. Achten Sie vor allem auf

ungewöhnliche oder überraschende Kombinationen. Manche erscheinen auf den ersten Blick absurd, ergeben aber bei näherer Betrachtung durchaus Sinn.

5. Halten Sie die besten Kombinationen schriftlich fest und entscheiden Sie sich für eine Variante, die Sie umsetzen möchten.
6. Planen Sie die ersten Schritte.

1001 Stühle

Einer meiner Seminarteilnehmer, ein Möbeltischler, suchte neue Designideen für Stühle. Wir beschlossen, die Aufgabe gemeinsam mittels einer Morphologischen Matrix zu lösen. Zunächst verallgemeinerten wir unser Suchfeld auf *Sitzmöbel für eine Person* und suchten möglichst viele Komponenten oder Teilaspekte des Designs. In dieser ersten Phase fanden wir folgende Elemente:

Material, Sitzhöhe, Farbe, Rückenlehne, Armlehne, Beine, Sitzfläche.

Im darauffolgenden Brainstorming zu möglichen Eigenschaften dieser Elemente stellten wir fest, dass einzelne Aspekte noch weiter untergliedert werden konnten. Nach diesem Schritt sah unsere Matrix etwa so aus:

Bestandteile	Merkmal 1	Merkmal 2	Merkmal 3	Merkmal 4	Merkmal ...
Sitzhöhe	Boden	Schemel	wie Sofa	normal	...
Material Rahmen	Holz	Plastik	Metall	Rattan	...
Farbe Rahmen	Rot	Gelb	Grün	Blau	...
Rückenlehne	niedrig	hoch	normal	keine	...
Material Lehne	Holz	Plastik	Metall	Leder	...
Farbe Lehne	Rot	Natur	Grün	Blau	...
Form der Lehne	gerade	geschwungen	schräg	abgerundet	...
Anzahl der Beine	1	2	3	4	...
Form der Beine	gerade	konisch	S-Form	geschwungen	...
Material der Beine	Holz	Plastik	Metall	Bambus	...
Farbe der Beine	Natur	Rot	Blau	Grün	...

Bestandteile	Merkmal 1	Merkmal 2	Merkmal 3	Merkmal 4	Merkmal ...
Material Sitz	Samt	Seide	Kunststoff	Holz	...
Form Sitzfläche	rund	quadratisch	dreieckig	oval	...
Farbe Sitzfläche	Rot	Gelb	Natur	Blau	...
Armlehnen	gepolstert	aus Kunststoff	aus Holz	keine	...
...					
...					

Es stellte sich rasch heraus, dass wir im Rahmen dieses eintägigen Seminars nicht alle Möglichkeiten aufzählen konnten. Noch weniger würde es uns gelingen, alle Kombinationen durchzudenken. Ich beschloss also, die Lösung spielerisch zu ermitteln. Jede Person sollte für jeweils einen der Bestandteile ein mögliches Merkmal aussuchen und auf einer Karteikarte notieren. Dann sammelte ich die Kärtchen ein und kreuzte die gewählten Eigenschaften auf dem Flipchart an:

Bestandteile	Merkmal 1	Merkmal 2	Merkmal 3	Merkmal 4	Merkmal ...
Sitzhöhe	Boden	Schemel	**Barhocker**	Normal	...
Material Rahmen	Holz	Plastik	**Metall**	Rattan	...
Farbe Rahmen	Rot	**Natur**	Grün	Blau	...
Rückenlehne	niedrig	**hoch**	normal	keine	...
Material Lehne	**Holz**	Plastik	Metall	Leder	...
Farbe Lehne	Rot	**Natur**	Grün	Blau	...
Form der Lehne	gerade	**geschwungen**	schräg	abgerundet	...
Anzahl der Beine	**1**	2	3	4	...
Form der Beine	gerade	konisch	zylindrisch	**geschwungen**	...

Bestandteile	Merkmal 1	Merkmal 2	Merkmal 3	Merkmal 4	Merkmal ...
Material der Beine	Holz	Plastik	**Metall**	Bambus	...
Farbe der Beine	**Natur**	Rot	Blau	Grün	...
Material Sitz	Samt	**Seide**	Kunststoff	Holz	...
Form Sitzfläche	**rund**	quadratisch	dreieckig	oval	...
Farbe Sitzfläche	**Rot**	Gelb	Natur	Blau	...
Armlehnen	gepolstert	aus Kunststoff	aus Holz	**keine**	...
...					
...					

Wir hatten also einen Barhocker mit hoher Rückenlehne aus Holz entwickelt. Der Rahmen und das Standbein waren aus Metall, die Sitzfläche aus roter Seide. Noch nicht besonders aufregend. Was uns jedoch in der Diskussion besonders inspirierte, waren die geschwungene Rückenlehne aus Holz und das ebenfalls geschwungene Bein. Wie sollten wir uns dieses schwungvolle Möbelstück vorstellen?

Wir entwickelten eine ganze Serie von Sitzmöbeln, deren Kernelement eine mehrfach geschwungene Alukonstruktion bildete, auf die wir Rücken und Sitzfläche einfach anschrauben wollten. Formen, Farben und Material der Rückenlehne und Sitzfläche wären variabel und könnten immer wieder neu kombiniert werden.

ÜBUNG

Erstellen Sie Ihre eigene Ideen-Matrix!

Thema: _____   Datum: _____

Bestandteile	Merkmal 1	Merkmal 2	Merkmal 3	Merkmal 4	Merkmal ...

Lotosblüte

Dieses Werkzeug enthält sowohl intuitive als auch diskursive Elemente. Sie können es benutzen, um ein komplexes Problem in mehrere Unterprobleme zu gliedern, Ihr Suchfeld gezielt zu erweitern und neue Denkpfade zu beschreiten.

Einsatz:	zur Gliederung eines Problems, zur Weiterentwicklung bestehender Ideen und zum Sammeln neuer Alternativen
Benötigt:	das Diagramm auf Seite 174, am besten auf A3 vergrößert; Stifte.
	Das Diagramm können Sie auch unter ↗ http://www.junfermann.de herunterladen.
Dauer:	30 bis 90 Minuten
Tipp:	Wenn eines der Blütenblätter sehr viele Ideen oder einen besonders interessanten Blickwinkel verspricht, beginnen Sie damit ein neues Diagramm mit dem entsprechenden Stichwort im Zentrum.

Ablauf:

1. Definieren Sie die Aufgabenstellung, finden Sie ein griffiges Stichwort dafür und schreiben Sie dieses in das Zentrum der Lotosblüte (Feld Z).
2. Schreiben Sie Stichworte oder Ideen zu Ihrem Problem in die acht Felder rund um das Zentrum (innere Felder A bis H). Beachten Sie dabei die Reihenfolge der Buchstaben.
3. Um den Lotos zum Blühen zu bringen, übertragen Sie diese acht Schlüsselbegriffe in die äußeren Felder A bis H. Diese dienen nun als Zentren für den nächsten Schritt.
4. Welche Ideen oder Assoziationen lösen die neuen Zentralbegriffe bei Ihnen aus? Tragen Sie diese in die umliegenden Felder ein. Dabei entstehen Ideen, die einen Schritt weiter von Ihrem ursprünglichen Problem entfernt sind.
5. Versuchen Sie, so viele der Felder wie möglich zu füllen, aber bleiben Sie dabei locker. Wenn Ihnen zu einem der Themen nichts mehr einfällt, wechseln Sie zum nächsten Begriff. Vielleicht haben Sie später noch eine spontane Idee zum ersten Wort.
6. Wenn alle Kästchen voll sind, haben Sie 72 Ideen entwickelt. Gratuliere! Analysieren Sie Ihr Ergebnis und suchen Sie unter der Vielzahl an Stichworten jene Ideen, die Sie am besten mit Ihrer ursprünglichen Aufgabenstellung verbinden können. Was können Sie daraus ableiten?
7. Spielen Sie mehrere Möglichkeiten durch und entscheiden Sie sich für die passendste Variante.
8. Setzen Sie Ihre Idee um.

174 · Brainstorming for One

Da ich eine recht große Handschrift habe, fällt es mir schwer, meine Ideen in die kleinen Kästchen des Formulars zu schreiben. Daher verwende ich bei dieser Methode gerne verschiedenfarbige Post-its (zum Beispiel rosafarbene für die Zentren und gelbe für die Blütenblätter), die ich einfach an einer weißen Wand anordne. Sie könnten aber auch Packpapier- oder Flipchart-Bögen verwenden, auf die Sie das Lotos-Diagramm einzeichnen.

ÜBUNG

Bringen Sie den Lotos zum Blühen!

Thema: _____ Datum: _____

	A			F			C	
			A	F	C			
	D		D	Z	H		H	
			G	B	E			
	G			B			E	

Osborn-Checkliste

Diese Checkliste wurde vom amerikanischen Werbefachmann und Autor Alex F. Osborn entwickelt. Sie enthält Fragen, die Sie dazu anregen sollen, in verschiedene Richtungen zu denken und unterschiedliche Perspektiven einzunehmen. So vermeiden Sie es, sich mit der ersten sinnvoll erscheinenden Lösung zufriedenzugeben. Für diesen Prozess sollten Sie sich Zeit nehmen und die Arbeit mit der Checkliste nicht zu früh beenden.

Einsatz:	zur Weiterentwicklung bestehender Ideen oder Produkte oder zur Nachbearbeitung eines Brainstormings; *nicht* geeignet zur Entwicklung *neuer* Produkte oder Dienstleistungen
Benötigt:	Schreibzeug, Checkliste
Dauer:	mehrere Kreativ-Sessions von jeweils ca. 60 Minuten
Tipp:	Die Fragen können in der vorgegebenen oder einer willkürlichen Reihenfolge bearbeitet werden. Für spezielle Aufgabenstellungen kann die Liste um weitere problemspezifische Fragen ergänzt werden.

Ablauf:

1. Definieren Sie die Fragestellung möglichst genau.
2. Gehen Sie die Checkliste durch und beantworten Sie alle Fragen in beliebiger Reihenfolge. Dies kann mehrere Stunden oder gar Tage in Anspruch nehmen.
3. Vergessen Sie nicht, zwischendurch Pausen einzulegen.
4. Sind alle Fragen beantwortet, analysieren Sie das Ergebnis und suchen Sie nach sinnvollen Alternativen.
5. Legen Sie fest, welche Lösungen Sie umsetzen möchten, und planen Sie die ersten Schritte.

ÜBUNG

Die Checkliste

1. *Andere Verwendung*

    a. Gibt es alternative Verwendungen für das Produkt, so wie es ist? _____

    b. Gibt es alternative Verwendungen, wenn es angepasst wird? _____

    c. In einem anderen Zusammenhang? _____

    d. Für andere Märkte oder Zielgruppen? _____

2. *Anpassen / übertragen*

    a. Gibt es Ähnlichkeiten zu anderen Produkten? _____

    b. Zu welch anderen Ideen oder Verwendungen regt es an? _____

    c. Gibt es Parallelen in der Vergangenheit? _____

    d. Was können Sie kopieren? _____

    e. Wen können Sie nachahmen? _____

    f. Alternative Vorgehensweisen? _____

    g. Was können Sie von anderen Produkten übernehmen? _____

    h. Was können Sie aus anderen Fachgebieten verwenden? _____

3. *Abwandeln*

    a. Neue Wendung, Drall oder Richtung? _____

    b. Andere Bedeutung? _____

    c. Farbe, Ton, Geruch? _____

    d. Andere Formen oder Geometrien? _____

4. *Vergrößern*

    a. Was kann vergrößert werden? _____

    b. Was können Sie hinzufügen? _____

    c. Was entsteht in einem längeren Zeitraum, -zyklus oder größeren Zeitrahmen?

    d. Höhere Frequenz, häufigeres Auftreten? _____

    e. Stabiler, fester, stärker? _____

    f. Höher? _____

    g. Verlängern? _____

    h. Verdicken? _____

i. Zusätzlichen Wert addieren, Wert vergrößern? _____

j. Zusätzliche Komponente, Zutat, Fähigkeit? _____

k. Duplizieren? _____

l. Vervielfachen? _____

m. Übertreiben, aufbauschen? _____

5. *Verkleinern*

a. Was ist abziehbar? _____

b. Was kann verkleinert werden? _____

c. Was können Sie kompakter machen, kondensieren? _____

d. Miniaturisieren? _____

e. Verflachen? _____

f. Verkürzen? _____

g. Abspecken? _____

h. Leichtbau? _____

i. Auslassen, weglassen? _____

j. Rationalisieren? _____

k. Windschlüpfiger machen? _____

l. Aufteilen? _____

m. Untertreiben, unterbewerten, abwerten? _____

6. *Ersetzen*

a. Wen stattdessen? _____

b. Was stattdessen? _____

c. Andere Zutat, Ingredienz, Inhaltsstoff, Betriebsstoff? _____

d. Anderes Material? _____

e. Anderer Prozess, Herstellung, Abbau? _____

f. Andere Bestandteile? _____

g. Andere Energie- oder Antriebsquelle? _____

h. Anderer Ort? _____

i. Anderer Ansatz? _____

j. Anderer Klang, Ton, Stimme, Geruch, Farbe? _____

7. *Umordnen*

   a. Können Elemente vertauscht werden? _____

   b. Anderes Schema, Dekor, Modell, Erscheinung? _____

   c. Anderes Layout? _____

   d. Andere Reihenfolge? _____

   e. Können Ursache und Wirkung vertauscht werden? _____

   f. Schritte, Stufen oder Tempo gewechselt? _____

   g. Ablauf oder Raster verändert? _____

8. *Umkehren*

   a. Können Sie Positives und Negatives umgruppieren? _____

   b. Das Problem von hinten aufzäumen? _____

   c. Auf den Kopf stellen? _____

   d. Umwenden, umdrehen? _____

   e. Rollen oder Aufgaben vertauschen? _____

   f. Die Schuhe des anderen anziehen? _____

   g. Den Spieß umdrehen? _____

   h. Was ist mit dem Gegenteil? _____

   i. Einweg zu Mehrweg? _____

   j. Mehrweg zu Einweg? _____

   k. Andere Reihenfolge? _____

   l. Was ist mit einer Mischung, Legierung, Auswahl oder Ansammlung?

      _____

9. Kombinieren

   a. Können einzelne Einheiten kombiniert werden? _____

   b. Absichten oder Einsatzbereiche? _____

   c. Welche Ansprüche an das Produkt oder Produkte dieser Art können Sie kombinieren?

      _____

   d. Welche Ideen, Ansätze oder Teillösungen? _____

   e. Können mehrere Objekte zu einem Package zusammengefasst werden?

      _____

   f. Wie können die Bestandteile neu gemischt werden? _____

Phönix-Fragen

Dieser Fragenkatalog wurde vom amerikanischen Geheimdienst entwickelt. Er soll CIA-Agenten helfen, ein Problem von möglichst vielen unterschiedlichen Seiten zu durchleuchten und keinen Aspekt der Aufgabenstellung zu vergessen. Nutzen auch Sie die Techniken der CIA und werden Sie zum Agenten in eigener Sache!

Sie erinnern sich bestimmt an Inspektor Columbo aus der berühmten Fernsehserie mit Peter Falk. Dieser nach außen hin zerstreut wirkende Kriminalist verwickelte die Verdächtigen in Gespräche und fragte sie nach ihrer Expertenmeinung. Columbo löste seine Fälle nicht mit einer oder zwei Fragen, sondern mit einer langen Serie davon. Irritiert verstrickten die Schuldigen sich nach einer Weile in Widersprüche und gestanden schließlich unbewusst die Tat.

Sein Ausspruch *„Eine Frage hätte ich da noch"* beim Verlassen des Raumes ist ein Klassiker. Auch in der modernen Kriminalistik wird der sogenannte *Columbo-Effekt* von Polizeibeamten, Richtern, Staatsanwälten oder Verteidigern gerne benutzt. Der Verdächtige wiegt sich in der Gewissheit, nach Beantwortung einer letzten Frage in Ruhe gelassen zu werden, und wird dadurch nicht selten dazu verleitet, leichtfertig zu antworten und so entscheidende Fehler zu machen.

Einsatz:	um ein Problem besser einschätzen zu können und von allen Seiten zu durchleuchten
Benötigt:	Papier und Stifte, Fragenkatalog
Dauer:	mehrere Fragestunden von ca. 60 Minuten
Tipp:	Benutzen Sie die Phönix-Checkliste als Basis für Ihren eigenen Fragenkatalog und fügen Sie interessante Fragen hinzu, wann immer sie Ihnen begegnen.

Ablauf:

1. Notieren Sie die Aufgabenstellung dieser Übung möglichst detailliert. Was ist Ihr Ziel?
2. Gehen Sie den Fragenkatalog durch und notieren Sie Ihre Antworten.
3. Holen Sie noch benötigte Informationen ein, sammeln Sie spontane Lösungsideen und halten Sie alle wichtigen Daten schriftlich fest, um sie zu einem späteren Zeitpunkt evaluieren und analysieren zu können.

ÜBUNG

Die Fragen:

1. *Das Problem*

   a. Warum muss das Problem gelöst werden? _____

   b. Welche Vorteile hat es für Sie, das Problem zu lösen? _____

   c. Was sind die Unbekannten? _____

   d. Was verstehen Sie noch nicht? _____

   e. Welche Informationen haben Sie? _____

   f. Was ist nicht das Problem? _____

   g. Ist die Information ausreichend? _____

   h. Nicht ausreichend? _____

   i. Redundant? _____

   j. Widersprüchlich? _____

   k. Können Sie das Problem aufzeichnen? _____

   l. Wo sind die Grenzen des Problems? _____

   m. Können Sie das Problem in einzelne Teile zerlegen? _____

   n. Wie hängen diese Teile zusammen? _____

   o. Was sind die Konstanten des Problems? _____

   p. Was kann nicht verändert werden? _____

   q. Haben Sie das Problem schon einmal gesehen? _____

   r. Vielleicht in etwas veränderter Form? _____

   s. Kennen Sie ein verwandtes Problem? _____

   t. Finden Sie ein bekanntes Problem mit denselben oder ähnlichen Unbekannten!

   _____

   u. Angenommen Sie finden ein verwandtes Problem: Können Sie es verwenden?

   _____

   v. Können Sie Ihr Problem umformulieren? _____

   w. Auf wie viele Arten? _____

   x. Können Sie es generalisieren oder spezifizieren? _____

   y. Können die Regeln geändert werden? _____

   z. Was sind die besten, schlechtesten und wahrscheinlichsten Szenarien, die Sie sich vorstellen können? _____

2. *Der Plan*

a. Können Sie das ganze Problem oder Teile davon lösen?_____

b. Können Sie sich die Lösung vorstellen? _____

c. Wie soll sie aussehen?_____

d. Wie viele der Unbekannten können Sie determinieren?_____

e. Können Sie aus den Informationen, die Sie haben, etwas Nützliches ableiten?

_____

f. Haben Sie alle Informationen genutzt? _____

g. Haben Sie alle wichtigen Aspekte des Problems berücksichtigt?_____

h. Können Sie Schritte im Problemlösungsprozess festlegen?_____

i. Können Sie die Richtigkeit jedes Schrittes feststellen? _____

j. Welche Denkwerkzeuge können Sie anwenden, um Ideen zu entwickeln?

_____

k. Wie viele verschiedene Werkzeuge können Sie benutzen?_____

l. Können Sie das Ergebnis im Geiste sehen? _____

m. Auf welche Arten haben Sie bereits versucht, das Problem zu lösen? _____

_____

n. Was haben andere getan? _____

o. Können Sie intuitiv eine Lösung finden?_____

p. Was sollte getan werden? _____

q. Und wie?_____

r. Wo sollte es getan werden? _____

s. Wann sollte es getan werden?_____

t. Wer sollte es tun? _____

u. Was müssen Sie zum jetzigen Zeitpunkt tun?_____

v. Wer wird wofür verantwortlich sein? _____

w. Können Sie das Problem benutzen, um andere Probleme zu lösen? _____

_____

x. Was sind die einzigartigen Qualitäten des Problems, die es zu dem machen, was es ist?_____

y. Welche Meilensteine gibt es?_____

z. Wie werden Sie wissen, dass Sie erfolgreich sind bzw. waren?_____

Progressive Abstraktion

Diese Methode wurde von Professor Horst Geschka, Vorstand der deutschen *Gesellschaft für Kreativität e. V.* entwickelt. *Progressive Abstraktion* bedeutet *fortschreitende Verallgemeinerung* (von lat. *progredi = vorgehen, weitergehen* und *abstractus = abgezogen, entfernt*).

Die zentralen Fragen der progressiven Abstraktion lauten:
- Worum geht es eigentlich?
- Worauf kommt es wirklich an?

Einsatz:	zur Ideenfindung im Veränderungsmanagement und bei der Verbesserung von Produkten oder Dienstleistungen
Benötigt:	Papier und Stifte
Dauer:	60 bis 90 Minuten
Tipp:	Das fortschreitende Abstrahieren birgt die Gefahr, über das Ziel hinauszuschießen und sich zu weit vom Kernproblem zu entfernen. Achten Sie daher bei jedem Schritt auf eine gewisse Bodenhaftung und prüfen Sie immer wieder, ob und inwiefern Sie tatsächlich noch an Ihrer Aufgabe arbeiten.

Ablauf:

1. Am Anfang steht wie immer die Aufgabenstellung, die Sie auf Ihrem Arbeitsblatt notieren.
2. *Erste Ideensammlung:* Suchen Sie in einem ersten Brainstorming mögliche zugrunde liegende Ursachen des Problems und potenzielle Lösungen dazu.
3. *Erste Kritikrunde:* Anders als bei den meisten in diesem Buch vorgestellten Werkzeugen folgt sofort auf die Ideensammlung die Kritik: Welche der gefundenen Ursachen sind relevant? Welche Lösungsvorschläge durchführbar?
4. *Erste Abstraktion:* Stellen Sie sich auf Basis der bisher gefundenen Informationen folgende Fragen: *„Worum geht es eigentlich? Worauf kommt es wirklich an?"*
   Formulieren Sie danach eine neue abstrahierte Problemstellung.
5. *Zweite Ideensammlung:* Benutzen Sie ein Werkzeug Ihrer Wahl, um Lösungen zu der abstrahierten Aufgabe zu finden.
6. *Zweite Kritikrunde:* Wieder werden die Vorschläge gleich im Anschluss analysiert und evaluiert. Nur die als sinnvoll erachteten Lösungen bleiben stehen.
7. *Zweite Abstraktion:* *„Worum geht es eigentlich?"* – Fragen Sie sich, wie Sie die Aufgabe noch allgemeiner formulieren können. Stoßen Sie noch mehr zum Kern Ihres Problems vor.

8. *Iterations-Schleifen:* Machen Sie mehrere Durchgänge nach dem beschriebenen Muster von *Abstraktion – Ideenfindung – Kritik* und sammeln Sie alle machbaren und relevanten Lösungsvorschläge.
9. Sobald Sie einen Punkt erreicht haben, an dem Sie die Aufgabe nicht weiter abstrahieren können, sichten Sie Ihre Ergebnisse und wählen Sie die besten Lösungsmöglichkeiten aus. Planen Sie erste Schritte zur Umsetzung.

Nach einigen Iterations-Schleifen kann es vorkommen, dass Sie in Bereiche geraten, die Sie nicht mehr beeinflussen können. Machen Sie an dieser Stelle Schluss und arbeiten Sie mit dem Material, das Sie bis dahin gesammelt haben und das in Ihrem Einflussbereich liegt.

Alle Jahre wieder ...

Alle Jahre wieder stehen Millionen von Unternehmerinnen und Unternehmern vor dem gleichen Problem: Wie kann ich meine Weihnachtsaussendung gestalten, sodass sie sich von den Tausenden anderen Aussendungen unterscheidet, die gerade in dieser Zeit täglich auf den Schreibtischen der Entscheider landen? Wie schaffe ich es, dass sie heraussticht und nicht gleich weggeworfen wird?

Vor nicht allzu langer Zeit stand auch eine meiner Klientinnen, die ein innovatives Unternehmen der IT-Branche leitet, wieder einmal vor diesem Problem. Wie so oft bei jungen Start-ups war nicht viel Budget für eine Aussendung vorhanden. Was also tun? Nachdem wir recht fruchtlos nach Ideen gesucht *(erste Ideensammlung)* und diese wieder verworfen hatten *(erste Kritikrunde)*, stellte ich ihr die Frage: *„Warum wollen Sie eigentlich eine Weihnachtsaussendung machen?" (erste Abstraktion)*. Sie antwortete, es ginge ihr vor allem um die aktive Kontaktpflege, und Weihnachten sei eben eine klassische Gelegenheit, sich in Erinnerung zu rufen.

Unsere zweite Ideensuche konzentrierte sich also darauf, welche anderen Möglichkeiten es gäbe, in Kontakt zu bleiben: Telefonate, persönliche Besuche, ein eigenes Weihnachtsfest, eine Einladung zum Punsch-Trinken? *„Ach, die Leute haben gerade in der Zeit ohnedies so viel um die Ohren, da kommt doch keiner"*, meinte die Klientin *(zweite Kritikrunde)*. *„Aha"*, dachte ich und versuchte, die Aufgabe weiter zu verallgemeinern *(zweite Abstraktion)*: *„Wenn zu Weihnachten ohnedies so viel los ist, weil jede Firma ein Firmenfest, ein Punsch-Event oder eine Aussendung macht, wann wäre denn der richtige Zeitpunkt, um Ihre Kunden zu erreichen?"*

„Natürlich!" meinte sie spontan. *„Ich muss meine Aussendungen nicht gerade dann verschicken, wenn alle das tun! Ich sage einfach, Weihnachten findet heuer früher statt!"*

Das wäre natürlich auch eine Möglichkeit gewesen, aber ich wollte noch einen Schritt weiter gehen. Ich wollte eine Lösung finden, die die Firma meiner Kundin nicht nur in Erinnerung rufen würde, sondern zusätzlich dem Image des Unternehmens als jung, innovativ und unkonventionell voll entsprach. Also fragten wir uns gemeinsam noch einmal *„Worum geht es eigentlich?" (dritte Abstraktion)*. Noch einmal formulierten wir die Aufgabenstellung um: *„Wir wollen ein Fest zum Anlass für eine Aussendung nehmen, um uns auf diese Art unseren Kunden und Partnern wieder einmal in Erinnerung zu rufen und gleichzeitig unser Image als innovatives IT-Unternehmen zu stärken."* Nun ist Weihnachten ja bekanntlich kein besonders unkonventionelles, innovatives Fest. Was uns zu der Frage brachte: *„Welche Feiertage passen besser zum angestrebten Image?"* Im Internet fanden wir eine umfassende Liste von Welttagen, Festtagen und Feiertagen, aus der wir uns einige aussuchten:

- 2. Dienstag im Februar: *Internationaler Safer Internet Day*
  Wie passend für ein IT-Unternehmen!
- 8. März: *Internationaler Tag der Frau*
  Die Firma meiner Klientin fördert die Initiative *FiT (Frauen in die Technik)*.
- 1. Samstag im April: *Tag der Kissenschlacht*
  9. Mai: *Welt-Tag der verlorenen Socke*
  25. Mai: *Internationaler Handtuchtag*
  Drei lustige Feiertage, die das junge, unkonventionelle Image der Firma unterstreichen.
- letzter Freitag im Juli: *System Administrator Appreciation Day*
  An diesem Tag will meine Klientin den System-Administrator/inn/en auf Kundenseite eine Freude bereiten.
- 13. August: *Internationaler Linkshändertag*
  Immer eine Feier wert!
- 19. September: *International Talk-Like-a-Pirat-Day*
  Bei IT-Spezialist/inn/en beliebter Festtag, an dem man sich in Piratensprache unterhält. *Arrrr!*
- 14. Oktober: *Welttag des Standards (ISO)*
  Hier kann die Klientin auf die ISO-Standards der Branche hinweisen.
- letzter Samstag im November: *Kauf-Nix-Tag*
  Eine gute Gelegenheit, um zu erklären, warum das Unternehmen keine Weihnachtskarten und -geschenke verschicken wird.

Damit hatten wir genügend Anlässe für interessante, originelle und innovative Aussendungen gefunden.

Walt-Disney-Methode

„... tatsächlich gab es drei Walts:
den Träumer, den Realisten und den Miesepeter."
Robert B. Dilts

Bei diesem Werkzeug schlüpfen Sie nacheinander in drei unterschiedliche Rollen und betrachten die Aufgabe aus der Sicht dieser drei Persönlichkeiten: aus der des Träumers, des Realisten und des Kritikers.

Walt Disney soll dafür drei spezielle Räume benutzt haben, die passend zur jeweiligen Rolle eingerichtet waren. Für die meisten von uns stellt dies einen kaum erreichbaren Luxus dar. Zum Glück genügt es, drei Ecken eines Raumes entsprechend zu widmen und zu dekorieren oder einfach drei Stühle aufzustellen und als Sitzplatz für die unterschiedlichen Rollen zu definieren.

Einsatz:	zur Lösungssuche, Überprüfung und Weiterentwicklung vorhandener Ideen und zum Test auf Alltagstauglichkeit einer Lösung
Benötigt:	im besten Fall drei komplett unterschiedlich eingerichtete Räume, die den drei Rollen entsprechen; schön wären auch drei zu den Rollen passend dekorierte Ecken eines Raumes; Minimallösung sind drei Stühle; dazu benötigen Sie noch Papier und Stifte
Dauer:	60 bis 120 Minuten
Tipp:	Der Aufwand einer guten Vorbereitung lohnt sich, vor allem wenn Sie noch nicht so geübt im Rollenwechsel sind.

Hier ein paar Hinweise, wie Sie die Räume, Ecken oder Stühle für die drei Rollen gestalten können:

Für den *Träumer* stellen Sie eine Blumenvase oder ein paar hübsche Landschaftsbilder auf. Bereiten Sie einen bequemen Lehnstuhl oder eine Kuschelecke aus Kissen und Decken vor und legen Sie bunte Stifte und Papier bereit.

Der *Realist* gibt sich mit seinem üblichen Arbeitsplatz zufrieden. Computer, Taschenrechner und andere Arbeitsutensilien unterstützen die Wirkung.

Besonders schnörkellos sollte das Eck des *Kritikers* sein: Ein nüchternes Stehpult in einer kahlen Ecke wäre ideal. Ein spartanischer Holzstuhl tut es auch. Unerlässlich ist der Rotstift, mit dem der Kritiker unbrauchbare Ideen gnadenlos durchstreicht.

Ablauf:

1. Bevor Sie beginnen, sollten Sie sich mit den drei Rollen auseinandersetzen und ihre Räume, Ecken oder Stühle vorbereiten. Durchschreiten Sie die unterschiedlichen Bereiche und machen Sie sich an jeder Station mit der Rolle, für die sie steht, vertraut:

   - Der Träumer ...
     denkt in Bildern,
     entwickelt Visionen,
     lässt auch widersprüchliche Ideen und unrealistische Lösungen zu,
     erforscht Phantasiewelten,
     erschafft Wunschszenarien und Traumlösungen.
   - Der Realist ...
     geht rational an die Ideen des Träumers heran,
     greift die Visionen des Träumers auf,
     stellt sich vor, diese wären bereits tatsächlich existierende Situationen,
     erarbeitet Pläne, die Schritt für Schritt zu dieser Situation führen sollen,
     erstellt detaillierte Handlungsanweisungen,
     zeichnet Zeitpläne und errechnet die zu erwartenden Kosten.
   - Der Kritiker ...
     zerlegt alles in seine Einzelteile und überprüft die Machbarkeit der Lösungen,
     hinterfragt die Visionen des Träumers und die Pläne des Realisten,
     prüft jeden Lösungsvorschlag auf Praxis- und Alltagstauglichkeit,
     wägt die Chancen und Risiken der Lösungswege ab.

2. Nachdem Sie alle Rollen so kennengelernt haben begeben Sie sich an einen neutralen Platz außerhalb der drei Ecken bzw. in einiger Entfernung von den Stühlen und definieren Sie die Aufgabenstellung in dieser neutralen Rolle. Schreiben Sie Ihre Definition als Überschrift über Ihr Arbeitsblatt.

3. Schlüpfen Sie als Erstes in die Rolle des *Träumers*, indem Sie sich an seinen Platz begeben und in Ihrer Vorstellungskraft schwelgen. Notieren Sie Ihre kühnsten Ideen und verrücktesten Visionen. Alles ist erlaubt.

4. Nach einer kurzen Pause an einem neutralen Ort gehen Sie an den Platz des *Realisten* und entwickeln Sie detaillierte Pläne, um die Visionen des Träumers umzusetzen. Denken Sie dabei noch nicht an Fragen der Machbarkeit, sondern lediglich an das Festlegen von zeitlichen Abläufen und an Kostenschätzungen. Machen Sie anschließend wieder eine kleine Pause in der neutralen Zone.

5. Nehmen Sie nun die Rolle des *Kritikers* ein und zerreißen Sie die Visionen des Träumers und die Pläne des Realisten in der Luft. Pflücken Sie alles auseinander. Oberste Prämisse Ihrer Gedanken soll dabei die Machbarkeit sein.

6. Die Rollen werden nacheinander immer wieder eingenommen, bis eine gute und umsetzbare Lösung gefunden ist, gegen die auch der Kritiker nichts mehr einzuwenden hat.

7. Gehen Sie los und setzen Sie die Vision des Träumers anhand der Pläne des Realisten um!

ÜBUNG

Notieren Sie Ihre Ergebnisse hier:

9. | Ideen umsetzen

„Es ist besser, unvollkommene Entscheidungen durchzuführen, als beständig nach vollkommenen Entscheidungen zu suchen, die es niemals geben wird."

Charles de Gaulle

An dieser Stelle sollten Sie so viele Ideen gesammelt haben, dass Sie den Rest Ihres Lebens mit der Umsetzung verbringen könnten. Da ich aber annehme, dass Sie noch anderes zu tun haben, müssen Sie sich entscheiden. Sie müssen die besten Einfälle auswählen, auf Machbarkeit prüfen, Chancen abschätzen und die nächsten Schritte gut planen. Einige Werkzeuge dafür stelle ich Ihnen auf den folgenden Seiten vor.

Natürlich kann und will dieses kurze Kapitel kein Buch über Projektmanagement ersetzen. Wenn Sie Ihr Wissen darüber vertiefen möchten, besorgen Sie sich eines der Standardwerke oder besuchen Sie ein Seminar zu diesem Thema.

Damit Miesmacher Ihre tollen Lösungen nicht schon im Ansatz abschießen können, sollten Sie sich auch überlegen, wie Sie mit typischen Killerphrasen umgehen. Mehr dazu ab Seite 191 ff.

Inhalt von Kapitel 9

Mit den in diesem Kapitel vorgestellten Informationen und Werkzeugen sollten Sie in der Lage sein, Ihre Ideen zu einem guten Ende zu bringen:

Information

Entwaffnen Sie Ideenkiller! 191

Werkzeug / Auswählen

Dot-mocracy 195
Forced Ranking 196
PMI 198
Drei-Schritte-Frage 201

Werkzeug

Projektbuch 202
Maßnahmenplan 203
Elevator Pitch 205

Entwaffnen Sie Ideenkiller!
Über den Umgang mit Killerphrasen

„Was unsere Epoche kennzeichnet, ist die Angst,
für dumm zu gelten, wenn man etwas lobt,
und für gescheit zu gelten, wenn man etwas tadelt."

Jean Cocteau

Viele kreative Projekte scheitern an der Umsetzung. Das ist eine fahrlässige Vergeudung von Zeit und Ressourcen und wirkt sich negativ auf die zukünftige Ideensuche aus. Nichts hemmt den kreativen Fluss auf Dauer effektiver als die Erfahrung, dass die Bemühungen doch umsonst waren.

Doch woran liegt es, dass gute Ideen oft nicht realisiert werden?

Viele Einfälle werden bereits kurz nach ihrem Entstehen von professionellen Miesmachern abgeschossen. Manche Menschen halten es für ihre Aufgabe, anderen den kreativen Wind aus den Segeln zu nehmen. Meistens verwenden sie dabei sogenannte *Killerphrasen* wie zum Beispiel *„Das geht doch nie ..."* oder das allseits beliebte *„Ja, aber ..."* Sie denken, so etwas bekommen nur Sie zu hören? Die folgenden Zitate werden Sie eines Besseren belehren:

„Flugmaschinen, die schwerer als Luft sind, sind ein Ding der Unmöglichkeit."

Lord Kelvin, 1895

„Dieses Telefon hat einfach zu viele Mängel, als dass man es für Zwecke der Kommunikation einsetzen könnte. Das Gerät ist wertlos für uns."

Aus einem internen Papier der Western Union, 1897

„Es gibt nichts Neues mehr. Alles, was man erfinden kann, ist schon erfunden worden."

Charles H. Duell, US-Patentamt, 1899

„Das Pferd wird es immer geben, Automobile hingegen sind lediglich eine vorübergehende Modeerscheinung."

Der Präsident der Michigan Savings Bank, 1903

„Wer zum Teufel will Schauspieler sprechen hören?"

Harry M. Warner, Präsident von Warner Brothers,
zur Idee des Tonfilms, 1927

„Es gibt nicht die geringsten Anzeichen, dass wir jemals Atomenergie entwickeln können."

Albert Einstein, 1932

„Ich denke, dass es einen Weltmarkt für vielleicht fünf Computer gibt."

Thomas Watson, Vorsitzender von IBM, 1943

„Wir mögen deren Geräusche nicht, und Gitarrenmusik ist am Aussterben."

Decca Recording Co zu den Beatles, 1962

„Es gibt keinen Grund, warum irgendjemand einen Computer in seinem Haus wollen würde."

Ken Olson, Präsident, Vorsitzender und Gründer
von Digital Equipment Corp., 1977

„640 KB sollten genug für jedermann sein."

Bill Gates, 1981

Sie merken, worauf ich hinaus will? Hätten die Erfinder dieser Ideen sich so leicht entmutigen lassen, gäbe es heute keinen Tonfilm, kein Telefon, keinen Computer, kein Weißes Album von den Beatles und viele andere Dinge, die unser Leben angenehmer, schöner oder unterhaltsamer machen.

Eine Geschichte habe ich noch, bevor wir uns der Lösung dieser Problematik zuwenden: Der junge Assistenzarzt Werner Forßmann hatte eine visionäre Idee, die die kardiologische Diagnostik seiner Zeit revolutionieren sollte. Mit Begeisterung trug der junge Mann seinem damaligen Vorgesetzten seinen Einfall vor. Dieser jedoch verbot ihm aus ethischen Gründen strikt, sein Vorhaben umzusetzen. Forßmann probierte es dennoch am eigenen Leib aus und publizierte 1929 einen Facharikel über seine Selbstversuche. Sein Klinikchef an der Charité, Ferdinand Sauerbruch, quittierte die Publikation mit den abschätzigen Worten *„Mit solchen Kunststücken habilitiert man sich im Zirkus und nicht an einer anständigen deutschen Klinik."*

Es sollte Jahrzehnte dauern, bis Forßmanns mutige Pioniertat Anerkennung fand. 1956 erhielt er für die Erfindung des *Herzkatheters* den Nobelpreis für Medizin. Hätte er sich seinerzeit der Anordnung seines Chefs nicht widersetzt und sich in der Mittagspause einen mit Olivenöl eingefetteten Katheter über die Armvene zum rechten Vorhof des Herzens geschoben, das medizinische Establishment wäre vielleicht heute noch der Meinung, Untersuchungen am schlagenden Herzen würden zu dessen Stillstand führen.

Killerphrasen verlieren an Durchschlagskraft, wenn man sie als solche identifiziert und richtig darauf antwortet. Und da Miesmacher immer die gleichen Phrasen dreschen – eigene Ideen haben sie ja nicht –, ist es auch möglich, sich auf diese Angriffe vorzubereiten. Sammeln Sie typische Killerphrasen aus Ihrer Umgebung und überlegen Sie sich eigene Standard-Entwaffnungsantworten, die sie regelmäßig anwenden können.

Zum Beispiel:

- Killerphrase: „Daraus wird doch nie was!"
  Entwaffnung: „Richtig, denn die Idee wurde soeben zu Grabe getragen."

- Killerphrase: „Warten wir lieber erst mal ab."
  Entwaffnung: „Bis die Konkurrenz uns die Idee wegschnappt."

- Killerphrase: „Das haben wir schon immer so gemacht."
  Entwaffnung: „Deshalb ist das Ergebnis auch immer gleich – schlecht."

- Killerphrase: „Dafür haben wir kein Geld."
  Entwaffnung: „So wird es auch bleiben."

- Killerphrase: „Damit könnte ja jeder kommen!"
  Entwaffnung: „Genau! Aber wir wären die Ersten."

- Killerphrase: „Unsere Kunden wollen das nicht."
  Entwaffnung: „Vielleicht wissen sie es nur noch nicht?"

ÜBUNG

Welche Killerphrasen hören Sie am häufigsten?

Schaffen Sie eine solide Verteidigungsstrategie gegen Ideenkiller, um Ihren Einfällen eine Überlebenschance zu geben:

Killerphrase:

_____

Entwaffnung:

_____

Killerphrase:

_____

Entwaffnung:

_____

Killerphrase:

_____

Entwaffnung:

_____

Killerphrase:

_____

Entwaffnung:

_____

Dot-mocracy

In Teams werden Entscheidungen gerne durch die Vergabe bunter Klebepunkte getroffen. Jeder Teilnehmer erhält eine festgelegte Anzahl an Punkten, die frei vergeben werden können. Auch wenn Sie alleine arbeiten, kann dieses Werkzeug Ihnen bei der Auswahl der besten Ideen helfen. Außerdem macht es Spaß, sich selbst mit Punkten oder Sternen zu belohnen!

Einsatz:	zur Auswahl der besten Lösungsansätze
Benötigt:	bunte Klebepunkte oder -sterne aus dem Papierfachgeschäft
Dauer:	5 bis 10 Minuten
Tipp:	Goldene Sternchen gibt es leider nur zur Weihnachtszeit. Wenn Sie diese Sticker verwenden möchten, sollten Sie sich rechtzeitig damit eindecken.

Ablauf:

1. Überlegen Sie, wie viele der gefundenen Ideen Sie weiter bearbeiten wollen.
2. Schneiden Sie die entsprechende Anzahl Klebepunkte aus dem Bogen aus, damit Sie nicht in Versuchung kommen zu schummeln. Packen Sie die restlichen Punkte weg.
3. Kleben Sie die Punkte auf Ihre Lieblingsideen. Sie dürfen auch zwei oder drei Punkte zu einer Idee kleben, wenn sie für Sie besonders attraktiv ist. Und nein, Sie bekommen dafür keine zusätzlichen Klebepunkte. Die Anzahl der gewählten Ideen verringert sich entsprechend.
4. Gruppieren Sie die Ideen anhand ihrer Punktezahl:
   - *Top*-Ideen mit mehr als einem Punkt sollten Sie so rasch als möglich umsetzen.
   - *O. k.*-Ideen mit nur einem Punkt heben Sie für eine spätere Verwendung auf.
   - *Out*-Ideen ohne Punkt werden Sie vermutlich nicht mehr brauchen.
5. Machen Sie sich jetzt an die Umsetzung Ihrer *Top*-Ideen.

Sie können die Einfälle auch anhand unterschiedlicher Kriterien bewerten. Verwenden Sie dazu für jedes Kriterium eine andere Farbe. Folgende Fragen helfen Ihnen bei der genaueren Bewertung:
- Kann ich die Vorteile der Idee kurz und klar formulieren?
- Interessiert mich die Idee?
- Wie groß ist der Markt dafür?
- Habe ich die Fähigkeiten und Ressourcen, diese Idee umzusetzen?
- Wie gut ist der Zeitpunkt für die Idee?

Forced Ranking

Forced Ranking (zu Deutsch *Erzwungene Reihenfolge*) ist ein Verfahren, das vor allem bei der Mitarbeiterbewertung eingesetzt wird. Wir können das Werkzeug aber auch nutzen, um unsere eigenen Ideen zu bewerten und zu ordnen.

Einsatz: zur Ideenbewertung, -ordnung und -auswahl

Benötigt: Zettel, Stifte, Matrix auf Seite 197
Die Vorlage können Sie auf ↗ http://www.junfermann.de herunterladen.

Dauer: je nach Anzahl der Ideen und Kriterien 30 bis 60 Minuten

Tipp: Als Alternative zur Matrix-Darstellung können Sie die Ideen auch auf kleine Karteikarten schreiben und die Bewertungen in den einzelnen Kategorien direkt dazu notieren.

Ablauf:

1. Zunächst benötigen Sie eine ungeordnete Liste an Ideen und einige Kriterien, anhand derer Sie diese bewerten wollen. Auf Seite 195 finden Sie einige Fragen, die Ihnen dabei helfen können, sinnvolle Kriterien zu finden.
2. Schreiben Sie alle Ideen in die linke Spalte der Matrix auf Seite 197.
3. Notieren Sie alle Kriterien in der ersten Zeile der Matrix.
4. Nun bringen Sie Ihre Ideen in eine Reihenfolge. Beginnen Sie mit dem ersten Kriterium, das sie oben notiert haben, und ordnen Sie den einzelnen Ideen Nummern zu: 1) steht für den *ersten Platz,* also die beste Idee in dieser Kategorie, 2) gewinnt den *zweiten Platz,* 3) den *dritten* und so weiter. Fahren Sie fort, bis Sie alle Ideen bewertet haben.
5. Führen Sie dieses Ranking nacheinander mit allen Kriterien durch und betrachten Sie anschließend Ihr Ergebnis.
6. Gibt es einen Champion, der in mehreren Kategorien gewonnen hat? Gibt es klassische Verlierer? Oder große Unterschiede zwischen den einzelnen Rankings? Wenn eine Idee beispielsweise in fast allen Kriterien auf dem Siegespodest steht und nur bei einem im Hinterfeld liegt, könnten Sie nun entweder die Wichtigkeit dieses Kriteriums überdenken oder nach Ideen suchen, wie Sie die Idee in dieser Kategorie noch verbessern können.
7. Entscheiden Sie sich!

ÜBUNG

Ihre Ideen-Matrix

Problem: _____ Datum: _____

Ideen/Kriterien								

PMI

PMI steht für *Pluspunkte – Minuspunkte – interessante Punkte.* Dieses Denkwerkzeug wurde von Edward de Bono erfunden, um einen breiteren Blickwinkel auf ein Thema zu ermöglichen. Wir können es auch verwenden, um unsere eigenen Ideen zu durchleuchten.

Einsatz:	zur Bewertung und Auswahl von Ideen
Benötigt:	Stifte, eine Stoppuhr sowie das Formular auf Seite 199 f. oder ein Blatt Papier
	Die Vorlage für das Formular können Sie auf ↗ http://www.junfermann.de herunterladen.
Dauer:	10 bis 30 Minuten
Tipp:	PMI soll Sie zwingen, eine Situation gewohnheitsmäßig auch dann zu überprüfen, wenn es Ihnen unnötig erscheint. Benutzen Sie dieses Werkzeug auch für Ideen, Meinungen und Standpunkte anderer Personen im Alltag.

Ablauf:

1. Zeichnen Sie für jede zu prüfende Idee eine Tabelle mit drei Spalten. Beschriften Sie die erste Spalte mit *Plus*, die zweite mit *Minus* und die dritte mit *Interessant*.
2. Stellen Sie die Stoppuhr auf zwei Minuten ein und suchen Sie in dieser Zeit nur die *positiven Aspekte* der Idee. Tragen Sie diese in die erste Spalte ein.
3. Stellen Sie nochmals die Stoppuhr und sammeln Sie nun alle *negativen Aspekte* in der zweiten Spalte.
4. Die dritte Spalte hat mehrere Funktionen. Sammeln Sie darin – wieder innerhalb von zwei Minuten – alle Punkte, die *weder positiv noch negativ* sind. Was sind die interessanten Aspekte der Idee? Wo könnte das hinführen? Ergeben sich dadurch vielleicht neue Einfälle?
5. Machen Sie zu jeder Idee ein PMI und entscheiden Sie danach, welche Lösungen Sie umsetzen möchten.

> *„Einer der größten Denkfehler besteht darin, dass wir einen Standpunkt verteidigen, den wir bereits eingenommen haben (aufgrund eines ersten Eindrucks, oberflächlichen Denkens, eines Vorurteils oder der Tradition). [...] Anstatt Ihre Intelligenz zur Bestätigung eines Vorurteils zu benutzen, wenden Sie sie [mithilfe von PMI] an, um eine Idee näher zu untersuchen."*
>
> Edward De Bono, De Bonos neue Denkschule

ÜBUNG

Machen Sie ein PMI zu einer ungewöhnlichen Idee

Thema: _____ **Datum:** _____

Idee 1: _____

Pluspunkte	Minuspunkte	Interessante Punkte

Idee 2: _____

Pluspunkte	Minuspunkte	Interessante Punkte

Idee 3: _____

Pluspunkte	Minuspunkte	Interessante Punkte

Drei-Schritte-Frage

Die Drei-Schritte-Frage ist ein bewährtes Werkzeug des Selbstmanagements. Sie soll vor allem dabei helfen, Ballast abzuwerfen, relevante Ziele von irrelevanten zu unterscheiden und die konkrete Umsetzbarkeit von Plänen zu überprüfen.

Einsatz:	um Entscheidungen zu treffen, Schritte zu planen und Projekte umzusetzen
Benötigt:	Papier und Stift
Dauer:	5 Minuten bis 72 Stunden
Tipp:	Seien Sie beim Umsetzen oder Verwerfen der Ideen konsequent!

Ablauf:

1. Stellen Sie sich zu Beginn jedes neuen Projekts die Drei-Schritte-Frage: *„Wie müssten die ersten drei konkreten Schritte aussehen, um diese Absicht in die Tat umzusetzen?"* Notieren Sie ihre Antwort.
2. Setzen Sie den ersten Schritt innerhalb von acht Stunden um.
3. Erledigen Sie die nächsten zwei Schritte innerhalb von 72 Stunden.
4. Danach planen Sie sofort die nächsten drei Schritte.
5. Fahren Sie fort, bis das Projekt realisiert ist.

Wenn Ihr Vorhaben diese Prüfung nicht übersteht, dann streichen Sie es. Vielleicht ist die Sache einfach nicht so wichtig für Sie. Zumindest momentan. Wenden Sie sich lieber wichtigeren oder lohnenderen Aufgaben zu. Sie können die Idee ja zur Sicherheit in Ihrem Projektbuch (siehe nächste Seite) festhalten.

ÜBUNG

Was sind Ihre ersten Schritte?

Projekt:_____ Datum:_____

Schritt	Tätigkeit	Erledigt	Datum, Uhrzeit
1.			
2.			
3.			

Das Projektbuch

Natürlich sollten alle Ideen immer sofort notiert werden. Deshalb tragen Sie auch hoffentlich stets ein Notizbuch mit sich herum. Wenn nicht, dann beginnen Sie bitte jetzt damit. Manchen Einfällen gebührt aber ein eindrucksvollerer Rahmen. Dies ist das *Projektbuch*. Ich habe die Idee dazu von Barbara Sher entlehnt und benutze sie schon lange für meine eigenen Projektideen.

Einsatz: um die besten Ideen gebührend festzuhalten
Benötigt: ein schönes, großes Buch mit vielen leeren Seiten, bunte Stifte, Kleber
Dauer: ein Leben lang
Tipp: Geben Sie dem Buch einen eindrucksvollen Namen. Meines trägt den – durchaus etwas selbstironischen – Titel „*Wege zum Ruhm*".

Ablauf:

1. Besorgen Sie sich ein edles, schönes, großes Buch mit leeren Seiten. Es darf gerne in Leder gebunden oder mit Goldschnitt versehen sein. Ein Band, der Ihnen beim Betrachten eine gewisse Ehrfurcht einflößt.
2. Tragen Sie von nun an alle wichtigen Ideen in Ihr Projektbuch ein. Natürlich können Sie auch kleinere Einfälle darin sammeln. Geben Sie jedem Projekt einen Titel und schreiben Sie Datum und Uhrzeit dazu. Wenn Sie eine Idee nicht umsetzen, notieren Sie, warum.
3. Nun können Sie die Umsetzung des Projektes auf dem Papier planen. Sie können Informationen sammeln und Ausdrucke oder Zeitungsausschnitte einkleben. Gestalten Sie die Projektseiten so kreativ Sie möchten und lassen Sie immer etwas Platz für spätere Ergänzungen.
4. Benützen Sie das Buch regelmäßig. Auch wenn Sie gerade nichts hineinschreiben möchten, blättern Sie gelegentlich in Ihrem *großen Werk*. Vielleicht finden Sie ja Anregungen für neue Ideen?

> „Ihr Projektbuch ermöglicht Ihnen, Ideen zu planen, ohne sie in die Tat umsetzen zu müssen. […] Und selbst wenn Sie sie nie realisieren, hatten Sie trotzdem Ihren Spaß und kein Risiko. […] Sie werden erkennen, dass Sie keine Verpflichtung eingehen, wenn Sie planen, entwickeln und aufschreiben – denn so vergnügen sich erfinderische Menschen."
>
> Barbara Sher, Du musst dich nicht entscheiden, wenn du tausend Träume hast.

Maßnahmenplan

Die wichtigsten Fragen der Projektplanung lauten:

1. *Was muss getan werden?*
2. *Wer tut es?*
3. *Bis wann?*

Der Maßnahmenplan beantwortet diese Fragen auf übersichtliche Weise und ist so eines der wichtigsten Werkzeuge für die Umsetzung komplexer Ideen.

Einsatz:	zur Planung der einzelnen Umsetzungsschritte
Benötigt:	Stifte und das Formular auf Seite 204
	Die Vorlage finden Sie zum Download auf ↗ http://www.junfermann.de
Dauer:	10 bis 30 Minuten
Tipp:	Hängen Sie den fertigen Maßnahmenplan gut sichtbar über Ihrem Schreibtisch auf!

Ablauf:

1. Bestimmen Sie, welche Idee umgesetzt werden soll.
2. Halten Sie fest, was getan werden muss, um die Idee erfolgreich zu realisieren. Sie können die einzelnen Punkte zunächst ungeordnet sammeln und auf einem frischen Blatt weiterarbeiten.
3. Bringen Sie die Maßnahmen in eine zeitliche Abfolge.
    - Was baut aufeinander auf?
    - Was hängt voneinander ab?
    - Was kann parallel getan werden?

    Halten Sie den Ablauf schriftlich fest.
4. Wenn Sie die Idee nicht alleine umsetzen, bestimmen Sie für jeden Schritt eine verantwortliche Person und schreiben Sie den Namen neben die Tätigkeit.
5. Terminieren Sie jede Maßnahme. Bis wann kann der Schritt umgesetzt werden? Notieren Sie die Deadlines auf Ihrem Plan.
6. Nun haben Sie ein gutes Werkzeug, um die Umsetzung zu überwachen und die Einhaltung der Termine zu kontrollieren. Geben Sie den Startschuss!

ÜBUNG

Erstellen Sie Ihren Maßnahmenplan

Projekt: _____   Datum: _____

Nr.	Was ist zu tun?	Wer tut es?	Bis wann?	Erledigt

Elevator Pitch

Die besten Ideen nützen nichts, wenn wir sie einem potenziellen Kunden, Geldgeber oder Partner nicht in einfachen Worten erklären können. Oft ist es die schwierigste Phase der Ideenfindung, den genialen Einfall prägnant zu formulieren. In Amerika wurde für solch eine kurze Ideenvorstellung der Begriff *Elevator Pitch* entwickelt: eine kurze *Präsentation* (engl. *pitch*), die Sie während einer Fahrt mit dem *Aufzug* (engl. *elevator*) halten können. Diese Kurzvorstellung dauert zwei bis drei Minuten und besteht aus etwa drei Sätzen, die die Idee vorstellen und im besten Fall verkaufen.

Eine schöne und einfache Methode, zu solch einer Kurzvorstellung zu kommen, möchte ich Ihnen gleich vorstellen. Die Struktur, die hier verwendet wird, passt gut zu Produktideen, kann aber auch für andere Bereiche adaptiert werden.

Einsatz:	zur Kurzvorstellung einer Idee
Benötigt:	Papier und Stifte
Dauer:	60 Minuten (mit Pausen)
Tipp:	Üben Sie Ihren *Elevator Pitch* vor Bekannten, Freunden oder Ihrem Haustier, bis Sie ihn selbstbewusst und überzeugend präsentieren können.

Ablauf:

1. Zunächst müssen Sie die Elemente Ihres Elevator Pitch sammeln. Beantworten Sie die folgenden Fragen möglichst umfassend und tragen Sie Ihre Antworten in die Tabelle auf der nächsten Seite ein:
   - Was sind die *Zielgruppen* für Ihr Produkt oder Ihre Dienstleistung?
   - Welche *Bedürfnisse* haben diese Zielgruppen, die Ihr Produkt befriedigt?
   - Was ist der *Name* Ihres Produktes oder Ihrer Dienstleistung?
   - Zu welcher *Markt-* oder *Produktkategorie* gehört die Idee?
   - Was ist der *Hauptnutzen* Ihres Produktes oder Ihrer Dienstleistung? Warum sollte die Zielgruppe Ihre Idee kaufen?
   - Wer oder was sind Ihre *Konkurrenten*?
   - Was ist das *Alleinstellungsmerkmal* – Neudeutsch *USP* oder *unique selling proposition* – Ihrer Idee?

Ziel-gruppen	Bedürf-nisse	Name	Markt-kategorie	Nutzen	Kon-kurrenz	USP

2. Kombinieren Sie nun die Elemente Ihrer Präsentation zu Sätzen nach folgender Struktur:

Für _____ (Zielgruppe), die _____ (Bedürfnis),

ist _____ (Produktname) ein _____ (Marktkategorie),

das _____ (Nutzen).

Anders als _____ (Konkurrenz) hat / ist / kann das Produkt

_____ (USP).

3. Spielen Sie mehrere Möglichkeiten durch, bis Sie einen oder mehrere gute Entwürfe haben. Suchen Sie individuelle Formulierungen für die wichtigsten Zielgruppen, denen Sie Ihre Idee vorstellen wollen. Wenn die vorgegebene Satzstruktur nicht zu Ihren Bedürfnissen passt, ändern Sie sie.

Vergessen Sie nicht, Ihrem Gesprächspartner am Ende der Präsentation eine Visitenkarte, einen Flyer oder einen Folder anzubieten, falls er Interesse an Ihrer Idee andeutet.

Unsere gemeinsame Reise geht hier zu Ende. Ich hoffe, Sie hatten Spaß daran und haben viele spannende Ideen gefunden. Wenn Sie eifrig mitgearbeitet und alle Übungen in diesem Buch durchgeführt haben, sollte die Benutzung kreativer Denkwerkzeuge für Sie zur Gewohnheit geworden sein.

Ich hoffe, für Sie hat sich bestätigt: Für Personen, die alleine Ideen entwickeln müssen, ist *Brainstorming for One* ein ideales Arbeitsbuch, das der Kreativität garantiert auf die Sprünge hilft. Anders als andere Sachbücher zu dem Thema lädt dieses Seminar in Buchform Sie dazu ein, die vorgestellten Werkzeuge direkt im Buch auszuprobieren. Empfehlen Sie es weiter! ☺

Bleibt mir nur noch, mich von Ihnen zu verabschieden und Ihnen viel Erfolg bei der Umsetzung Ihrer Ideen zu wünschen.

Bleiben Sie neugierig!
Bleiben Sie kreativ!

Danksagung

Ich bedanke mich bei den Teilnehmerinnen und Teilnehmern meiner Seminare sowie den Mitgliedern meines ersten Denkklubs *Denkbar Attraktiv!,* mit denen ich alle Werkzeuge in diesem Buch eingehend getestet habe. Außerdem bei meinen Testleserinnen Angelika und Onka für die zahlreichen Anmerkungen, Korrekturen und Hinweise. Beim Team des Junfermann Verlags bedanke ich mich für das Vertrauen und die Unterstützung bei diesem Projekt. Und last but not least geht mein herzliches Dankeschön an alle Freundinnen und Freunde, die mir während der Arbeit an diesem Buch auf vielfältige Weise beigestanden sind. Ich wüsste nicht, was ich ohne euch tun sollte. Danke!

Über die Autorin

Petra Hennrich wurde 1969 im Sternbild des Schmetterlings geboren. Ihrem Hang zu allem Musischen ging sie schon ab der frühen Kindheit nach. Von der Bemalung der Kinderzimmerwände über erste Kurzgeschichten im Alter von acht Jahren bis hin zur kreativen Lösung ihrer Mathematikschularbeiten reichte das Spektrum der jungen Künstlerin.

Die ersten Berufsjahre führten sie in die Ideen-Schmieden einiger Wiener Werbeagenturen, Marketing-Abteilungen und Multimedia-Unternehmen. In dem Bestreben, die eigene Kreativität zu pflegen, zu kultivieren und zu entwickeln, beschäftigt sie sich seit dieser Zeit laufend mit den neusten Erkenntnissen und Methoden der Ideenfindung. Die gesammelten Erfahrungen, Einsichten und Werkzeuge sind in diesem Arbeitsbuch zusammengefasst.

Heute arbeitet Petra Hennrich als freiberufliche Grafikerin, Coachin, Moderatorin und Trainerin in ihrem 2010 eröffneten Coaching-Laden in Wien.

Wenn Sie die Autorin persönlich kennenlernen, zu einem Vortrag einladen oder eines ihrer Seminare besuchen wollen, kontaktieren Sie sie unter ph@petrahennrich.at oder besuchen Sie ihre Homepage ↗ http://www.petrahennrich.at.

Literatur

ANDRADE, JACKIE (2009): What does doodling do? In: *Applied Cognitive Psychology* 23.

BERGMANN, GUSTAV (2001): Kleine Anleitung zur Kreativität. In: *Arbeitspapiere zum Systemischen Marketing.*

BIRKENBIHL, VERA F. (2007): *Birkenbihls Denkwerkzeuge.* München: mvg.

BIRKENBIHL, VERA F. (2002): *Stroh im Kopf?* München: mvg.

BOOS, EVELYN (2009): *Das große Buch der Kreativitätstechniken.* München: Compact.

BROWN, STUART (2009): *Play. How It Shapes the Brain, Opens the Imagination, and Invigorates the Soul.* Avery.

CSIKSZENTMIHALYI, MIHALY (1997): *Kreativität.* Stuttgart: Klett-Cotta.

DE BONO, EDWARD (2002): *De Bonos neue Denkschule.* München: mgv.

DE BONO, EDWARD (2007): *How to Have Creative Ideas.* Vermilion.

DE BONO, EDWARD (1999): *Six Thinking Hats.* Pack Bay Books.

DIJKSTERHUIS, AP (2010): *Das kluge Unbewusste.* Stuttgart: Klett-Cotta.

ERHARTER, WOLFGANG A. (2012): *Kreativität gibt es nicht.* München: Redline.

FRIES, CHRISTIAN (2004): *Grundlagen der Mediengestaltung.* München: Hanser.

GARDNER, HOWARD (1999): *Kreative Intelligenz.* Frankfurt: Campus.

GRAY, DAVE; BROWN, SUNNY & MACANUFO, JAMES (2010): *Gamestorming.* O'Reilly.

HAUSMANN, MARKUS (2009): Hormonelle Harmonie. In: *Gehirn und Geist 9.*

HÄUSSNER, JÜRGEN (2012): *Querdenken leicht gemacht.* EARteam.

HEIDLER, MARIA-DOROTHEA (2012): *Ehrliche Lügner.* In: *Gehirn und Geist 9.*

HIRSCHHAUSEN, ECKART VON (2011): *Glück kommt selten allein.* Reinbek: Rowohlt.

HOLM-HALLUDA, RAINER M. (2011): *Kreativität zwischen Schöpfung und Zerstörung.* Göttingen: Vandenhoeck & Ruprecht.

KLEIN, ZAMYAT M. (2006): *Kreative Geister wecken.* Bonn: ManagerSeminare.

KLEIN, ZAMYAT M. (2010): *Kreative Seminarmethoden.* Offenbach: Gabal.

KUBICZEK, NIKOLAUS (2009): *Die Kraft der Kreativität.* Seminar-Skriptum.

LAUER, PAT (2007): *Mystery Stories. 132 haarsträubende Rätsel.* Bindlach: Gondrom.

MASSEN, CRISTINA (2012): Du gehörst zu mir. In: *Gehirn und Geist 7–8.*

MEYER-GRASHORN, ANKE [8]2004): *Spinnen ist Pflicht.* München: mvg.

MICHALKO, MICHAEL (2006): *Thinkertoys.* Ten Speed Press.

PRICKEN, MARIO (2003): *Kribbeln im Kopf.* Mainz: Verlag Hermann Schmidt.

PRICKEN, MARIO: *No Brainstorming.* ↗ http://www.mariopricken.com/de/no_brainstorming.cfm

PRONIN, E.; JACOBS E. et al. (2008): Thought Speed, Mood, and the Experience of Mental Motion. In: *Perspectives of Psychological Science 3/6.*

ROAM, DAN (2008): *The Back of the Napkin.* Portfolio.

SCHERER, JIRI & BRÜGGER, CHRIS (2007): *Kreativitätstechniken.* Offenbach: Gabal.

SCHNETZLER, NADJA (2008): *Die Ideenmaschine.* Weinheim: Wiley.

SHER, BARBARA (2008): *Du musst dich nicht entscheiden, wenn du tausend Träume hast.* München: dtv.

VOIGTMANN, MARTIN (1997): *Genies wie du und ich.* Heidelberg: Sauer.

WAGNER, ULLRICH et al. (2004): *Sleep inspires insight. Nature Jan* 22;427(6972):352–5.

WEIGMANN, KATRIN (2013): Die Intelligenz des Körpers. In: *Gehirn und Geist 1–2.*

Index

A

ABC-Listen   40, 118
Ablaufplan   31
Aha-Erlebnisse   32, 147
Allgemeinbildung   111
Amama Pau   167
Analogiebildung   104
Analogien   107, 116, 118
Assoziationen   75, 97, 137
Assoziationsförderung   61

B

Battelle-Bildmappen-Brainwriting   103
Beobachtung   16
Bestandsaufnahme   139
Beweglichkeit, geistige   23
Bewegung   110
Bilderschrift   95
Bildersprache   97
Bild-Satz-Kombinationen   85
Biologie   123
Bionik   123, 124
Bisoziation   103 f.
Bottom-Up-Prozesse   123
Brainstorming   136
Brainstorming, klassisches   21
Brainstorming, Probleme   21

C

Checkliste   176
Cluster-Methode   61
Collagen   100
Columbo-Effekt   179
Corpus Callosum   90

D

Dalí-Technik   156
Definition der Aufgabenstellung   29
Denkmuster, gewohnte   72, 87
Denkwerkzeuge   11, 15 ff., 165, 181, 207, 213
Der Realist   186
Designideen   169
Dot-mocracy   195
Drei-Schritte-Frage   201

E

Einschlafphase   154
Einstieg in den kreativen Prozess   34
Elevator Pitch   205
Erfindergeist   20
Erfindungen   65
Erholung   111
Eselsbrücke   38

F

Fachwissen   111
fiktive Persönlichkeiten   162
Flow   101
Forced Ranking   196
Fragen, offene   45
Freie Texte   85

G

Gehirn   23, 87, 131
Gehirnhälften   89
Gewohnheiten   26
Grundregeln der Ideenfindung   22
Gruppe   21

H

Hartnäckigkeit   16
Hemisphärenmodell   89
Heureka!   150
Hieroglyphen   95
Humor   109

I

Ideenbewertung   196
Ideenfindung   31
Ideenfindung, Prozess   29
Ideen-Matrix   197
Ideensammlung   100, 182
Ideensuche   118
Informationen, sinnliche   63
Inkubation   149

K

KaGa   53
KaWa   51, 118
Killerphrasen   189, 191, 194
Klebepunkte   195
Kopfstandmethode   139
K.R.A.F.T.-Ziele-Modell   47
Kreativ-Blockade   101
Kreativität, Definition   19
Kreativitätsbremse   22
Kreativitätswerkzeug   160
Kreativität, theoretische Hintergründe   17
Kreativität, Wortherkunft   13
Kreativ-Spaziergang   125
Kriterien, sinnvolle   196
Kritiker   185 f.

L

Landkarten des Ideenraumes   43 f.
Laterale   134
laterales Denken vs. vertikales
        Denken   133
laterales Denken   133
Lateralisation   89 f.
Lebenserfahrung   111
Lösung, kreative   153
Lotosblüte   173

M

Marsianer   93
Maßnahmenplan   203
Merksatz   38
Mind-Map   56
Mind-Map, klassische   57
Mind-Map mit Rahmen   58
Mittagsschläfchen, kreatives   156
Mobiltelefon, Entwicklung   65
Moodboards   100
Morphologische Matrix   168
Motivation   16
Musterwechsel   131

N/O

Neugier   109
nicht-dominante Hand   135
Osborn-Checkliste   175

P

Paradoxon   141, 142
Pareidolie   151
Phönix-Fragen   179
Pluspunkte – Minuspunkte – interessante
        Punkte (PMI)   198 f.
po-Methode   144
po-Provokationen   144 f.
Problembeschreibung   93
Problem, imaginäres   138
Problemlösung   69
Problemzustand   161
Produktentwicklung   66
Progressive Abstraktion   182
Projektbuch   202
Projektplanung   203

R

Realist   185
Reifungsphasen   32
Reizbildanalyse   104
Reizwortanalyse   75, 103
Reizwortlisten   79 ff., 136
Routine   24

S

Schrottwort 72
Schüsselwörter 138
Selbstbewusstsein 109
Selbstcoaching 119
semantische Intuition 72
Sichtweise, lösungsorientierte 140
Spieltrieb 109
Symbole 97

T

Techniken, diskursive 165
Techniken, intuitive 165
To-Do-Liste 31
Top-Down-Prozesse 123
Traum 153
Träumer 185 f.
Traumtagebuch 154

U

Übung 16
Umsetzung 111
Unbewusstes 148 f., 158
Unsinn 37

V

Veränderungsmanagement 182
Verbündeter, innerer 162
Vertrauen 110
Visuelle Synektik 103
Vorbereitung 29
Vorschlaf-Visionen 157
Vorstellungskraft 67, 91

W

Wahlmöglichkeiten 134
Wahrnehmungsvermögen 24
Walt-Disney-Methode 185
Was-wäre-wenn-Fragen 127
Weiterentwicklung von Ideen 173
Werkzeug vs. Kreativitätstechnik 15
Widerspruch 141
Wissensschatz, unbewusster 158
Wunderfrage 160 f.

Z

Zensor, innerer 34
Zieldefinition 29, 85
Ziele, wohlgeformte 45
Ziel-Modelle 45
Zielzustand 161
Zufallsroman 78
Zufallswörter 75

Mehr Gelassenheit wagen

136 Seiten, kart. • € (D) 13,90 • ISBN 978-3-87387-701-6
REIHE AKTIVE LEBENSGESTALTUNG • Praktische Lebenshilfen

Antje Abram, Jahrgang 1968, Dipl. Sportlehrerin für Behindertensport und Rehabilitation, Gestalttherapeutin und Systemische Familientherapeutin. Selbstständige therapeutische Arbeit seit 1998.

ANTJE ABRAM

»Die eigenen Kraftquellen entdecken«

Dieser Ratgeber bietet Unterstützung, um den Anforderungen des täglichen Lebens besser gewachsen zu sein. Oft sind nicht die Situationen an sich die Ursache für Stress und Unsicherheit, sondern eher die innere Haltung, die Gefühle, die sich Bahn brechen wollen. Um wirklich zufrieden sein zu können bleibt nur, die eigenen Entscheidungen und das eigene Verhalten den Gegebenheiten anzupassen, denn andere Menschen können wir nicht ändern. Kann man eine Situation erst aus verschiedenen Blickwinkeln betrachten, erweitert sich auch der eigene Handlungsspielraum und es wird möglich, verfestigte Denk- und Verhaltensmuster aufzulösen.

Das Buch ist so gegliedert, dass gezielt nach Vorschlägen für einen bestimmten Lebensbereich gesucht werden kann.

Weitere erfolgreiche Titel:

»Fühlen erwünscht«
ISBN 978-3-87387-653-8
»Arbeitsbuch Selbstachtung«
ISBN 978-3-87387-692-7
»Selbstwert«
ISBN 978-3-87387-432-9

www.junfermann.de

»Hilfe zur Selbsthilfe bei Konflikten«

80 Seiten, kart. • € (D) 9,95 • ISBN 978-3-87387-781-8
REIHE KOMMUNIKATION • Konflikte und Konfliktlösung

URSU MAHLER

»Der Konflikt-Coach«

Sicherer Umgang mit Konfliktsituationen im Familien- und Berufsalltag.

Band 13 der Reihe »Soft Skills kompakt«

Ursu Mahler, viele Jahre in der Erwachsenenbildung tätig, seit 1990 Selbstständigkeit als Managementtrainerin und Coach mit eigenen Mitarbeitern. Zertifizierte DISG-Trainerin und Unternehmensberaterin.

Ob im Beruf, in der Familie oder in der Nachbarschaft: Wo es Menschen gibt, gibt es auch Konflikte. Da Auseinandersetzungen und Kontroversen also zum Leben gehören, empfiehlt es sich, Kompetenz im Umgang mit diesem allzu menschlichen Phänomen zu entwickeln. Hierzu trägt dieses Buch bei. In präzisen Antworten auf 86 kurze Fragen wird gezeigt, welche Arten von Konflikten es gibt, wo sie auftreten und welche Lösungswege sich anbieten. Die negative Seite von Konflikten ist den meisten von uns nur zu bekannt. Dass sie auch eine Chance für einen Neubeginn sein können, dass sie neues Wahrnehmen, Denken und Handeln ermöglichen - auch diese Seite wird thematisiert. Die skizzierten Lösungsansätze sind praxistauglich und lassen sich sowohl in den beruflichen Kontext als auch in private Zusammenhänge einbringen.

Schon gelesen? **»Kommunikation & Seminar«:**

Das Junfermann-Magazin für professionelle Kommunikation:
NLP, Gewaltfreie Kommunikation, Coaching und Beratung, Mediation, Pädagogik, Gesundheit und aktive Lebensgestaltung.

Mit ausführlichen Schwerpunktthemen, Berichten über aktuelle Trends und Entwicklungen, übersichtlichem Seminarkalender, Buchbesprechungen, Interviews, Recherchen, Trainerportraits, ...
Mehr darüber? Ausführliche Informationen unter:

www.ksmagazin.de

Trotz Stress gelassen bleiben

160 Seiten, kart. • € (D) 17,90 • ISBN 978-3-87387-889-1
REIHE AKTIVE LEBENSGESTALTUNG • Stressprophylaxe

Dr. Anne Katrin Matyssek ist Diplom-Psychologin, Psychotherapeutin und Stressbewältigungstrainerin. Seit 1998 arbeitet sie als Rednerin und Beraterin zum Betrieblichem Gesundheitsmanagement.

ANNE KATRIN MATYSSEK

»Stark im Job«

Wie Sie Ihre psychische Gesundheit schützen

38 % der Deutschen leiden an einer psychischen Erkrankung, insbesondere an Ängsten und Depressionen. Am selben Tag, als diese Nachricht auf spiegel-online zu lesen war, outete sich ein Bundesliga-Torwart mit Burnout. Zwei Wochen später trat ein Trainer wegen psycho-vegetativer Erschöpfung zurück. Viele Berufstätige fühlen sich durch Druck am Arbeitsplatz gesundheitlich bedroht – physisch und psychisch. Was man zur Förderung der körperlichen Gesundheit tun kann, wissen viele. Aber wie lässt sich die seelische Gesundheit schützen und fördern? Was kann man für eine ausgeglichene Psyche tun? Das Buch gibt dem Leser Tipps an die Hand, wie er trotz Stress seelisch stabil bleiben kann.

Weitere erfolgreiche Titel:

»20 Minuten Pause«
ISBN 978-3-87387-670-5
»Die eigenen Kraftquellen entdecken«
ISBN 978-3-87387-701-6
»Lizenz zur Zufriedenheit«
ISBN 978-3-87387-896-9

www.junfermann.de

Schlüssel zum Selbstwert

4. Auflage 2010 • 176 Seiten, kart. • € (D) 16,90 • ISBN 978-3-87387-432-9
REIHE AKTIVE LEBENSGESTALTUNG • Selbstwertgefühl

MATTHEW McKAY ET AL.

»Selbstwert – die beste Investition Ihres Lebens«

Es sind die Gedanken, die Ihre Gefühle bestimmen. Angriffe auf Ihr Selbstwertgefühl beruhen auf schlechten Gewohnheiten – Gewohnheiten des Denkens und der Interpretation der Realität, die dazu führen, dass Sie mit sich selbst unzufrieden sind.

Mithilfe des Trainingskurses können Sie jetzt damit beginnen, diese Gewohnheiten zu verändern und Schritt für Schritt Ihr Selbstwertgefühl und Ihre Lebensqualität zu verbessern.

Matthew McKay (li), Ph. D., ist Professor am Wright Institute und spezialisiert auf die Behandlung von Angstzuständen und Depressionen.
Patrick Fanning (re) ist Autor und schreibt zum Thema geistige Gesundheit.
Carole Honeychurch & Catharine Sutker leben als freiberufliche Autorinnen in der San Francisco Bay-Region.

Weitere erfolgreiche Titel:

McKay & Fanning
»Selbstachtung«
Greenberger & Padesky
»Gedanken verändern Gefühle«
Young & Klosko
»Sein Leben neu erfinden«

www.junfermann.de

Präsentieren & begeistern!

80 Seiten, kart. • € (D) 9,95 • ISBN 978-3-87387-693-4
REIHE KOMMUNIKATION • Überzeugen lernen

RENÉ BORBONUS

»Die Kunst der Präsentation«

Sich selbst, seine Produkte, Dienstleistungen und Ideen zu präsentieren und zu vermitteln wird immer wichtiger – am besten mit einer überzeugenden und überraschenden Präsentation, die vor allem eines ist: anders!

Wie das funktioniert, verraten die sechs Kapitel dieses Buches, die aufdecken, welches die Geheimnisse eines unerwarteten und unterhaltsamen Vortrages sind, wie sich die übliche PowerPoint-Folter in eine interessante und gleichzeitig informative Veranstaltung verwandeln lässt und wie mit kleinen Tricks jeder Redner für kurze Zeit zum Entertainer wird.

Vom spannenden »Opener« bis hin zum »Notfallkoffer« für Präsentations-Pleiten, -Pech und -Pannen liefert das Buch alle nötigen Tipps für die ultimative »Anders-als-alle-anderen-Präsentation«.

René Borbonus ist Rhetorik- und Kommunikationstrainer, Vortragsredner und Rhetorikcoach u.a. für Abgeordnete des Deutschen Bundestages und Vorstandsmitglieder bekannter Unternehmen.

Weitere erfolgreiche Titel:

»Erfolgreiche Rhetorik ...«
ISBN 978-3-87387-666-8
»Gedächtnistraining ...«
ISBN 978-3-87387-685-9
»Was Sie schon immer über Coaching wissen wollten ...«
ISBN 978-3-87387-694-1

www.junfermann.de